Shodo Harada Roshi

Der Weg zu Bodhidharma

Angkor Verlag

Weitere Titel des Autors im Angkor Verlag

Shodo Harada: *Zazen, aber wie?*
ISBN: 978-3-943839-45-6.

Shodo Harada/Sengcan: *Shinjinmei/Xinxinming*.
ISBN: 978-3-943839-80-7. (ab Ende 2019)

Shodo Harada: (Dt. Fassung von *Staff of Mind*).
ISBN: 978-3-943839-81-4. (ab 2020)

Bibliografische Information der Deutschen Bibliothek

Die Deutsche Bibliothek verzeichnet diese Publikation in der Deutschen Nationalbibliografie; detaillierte bibliografische Daten sind im Internet über http://dnb.ddb.de abrufbar.

Der Weg zu Bodhidharma/ Harada, Shodo. Aus dem Japanischen von Sabine ShoE Huskamp – Frankfurt: Angkor Verlag, 2003.

2. Auflage 2019.

Auf diakritische Zeichen wurde verzichtet.

ISBN: 978-3-936018-0-66 Ebook: 978-3-943839-46-3

Inhalt

Bodhidharmas *Umriss der Übung* *5*

Zazen *35*

Fragen und Antworten *51*

Hakuins *Lied über Zazen* *68*

Sesshin *88*

Erleuchtung *99*

Arbeit und Gesellschaft *107*

Fragen und Antworten *118*

Bodhidharmas *Umriss der Übung*

Es gibt verschiedene Weisen, um auf den Weg zu gelangen. Man kann diese in zwei Arten einteilen: durch das Verstehen eintreten und durch die Übung eintreten.

„Durch das Verstehen eintreten" bedeutet, dass man durch die Lehre direkt erwacht. Dabei braucht man ein tiefes Vertrauen, dass alle lebenden Wesen, ob erleuchtet oder nicht, den gleichen Geist teilen, der schwer zu sehen ist, da falsche Vorstellungen uns die Sicht verstellen. Wenn man sich jedoch von dem Falschen zum Wahren wendet, indem man vor einer Wand meditiert, dann gibt es kein Selbst und kein Gegenüber, die Weisen wie die gewöhnlichen Menschen sind genau gleich. Dann ist man unbeweglich und schwankt nicht; nie wieder kann man sich vom schriftlichen Wort beirren lassen. Vollkommen, ohne Unterschiede, ohne Anstrengungen es aufzuzeigen, dies bedeutet: der Eintritt durch das Verstehen.

„Durch die Übung eintreten" bezieht sich auf vier alles umschließende Übungen: die Übung des Beiseitelegens des Nicht-Mögens; die Übung der Annahme der eigenen Umstände; die Übung, nach nichts zu verlangen; die Übung, im Einklang mit dem Dharma zu sein.

Was ist die Übung des Beiseitelegens des Nicht-Mögens? Wenn er leidet, dann sollte ein Übender auf dem Weg überlegen: „Vier unzählige Äonen habe ich das Oberflächliche dem Tiefen vorgezogen, bin durch verschiedenste Zustände der Existenz getrieben, habe viel Nicht-Mögen und Hass erzeugt, habe nicht endendes Leid und Unruhe geschaffen. Obwohl ich in diesem Leben nichts Schlechtes getan habe, so spüre ich doch die Früchte meiner schlechten Taten und meines schlechten Karmas. Es kann nicht von einer himmlischen Instanz vergeben werden. Ich nehme es mit Geduld und mit Zufriedenheit an, ohne jegliche Beschwerde." Ein Sutra sagt: „Wenn du leidest, mach dir keine Sorgen. Warum? Weil dein Geist sich dem Eigentlichen, dem Tiefen öffnen kann." Wenn man diese Einstellung annimmt, dann ist man im Einklang mit der Lehre und schreitet auf dem Weg voran im Erleben von Unangenehmem. Deswegen heißt diese Übung: die Übung des Beiseitelegens des Nicht-Mögens.

Die zweite Übung ist die Übung des Akzeptierens der Umstände. Lebendige Wesen werden, da sie kein fixiertes Selbst haben, vollkommen von den Eindrücken der Umstände geformt. Sowohl Leiden als auch Wohlbefinden werden von den Umständen erzeugt.

Wenn man angenehme Umstände erlebt wie Wohlstand und gutes Ansehen, dann kommt dies von guten Handlungen der Vergangenheit. Jetzt mag man die guten Früchte ernten, doch wenn diese aufgebraucht sind, wird das vorbei sein. Warum sollte man da feiern? Erfolg und Scheitern hängt von Umständen ab, während der Geist dabei weder verliert noch gewinnt. Sich weder von dem Wind des Glücks noch von dem Wind des Unglücks bewegen zu lassen bedeutet, im Einklang mit dem Weg zu sein. Dies wird die Übung des Annehmens der eigenen Umstände genannt.

Die dritte Übung ist die Übung, nach nichts zu verlangen. Die verschiedensten Formen des Verlangens und der Anhaftung, welche die Menschen in ihrer Ignoranz erleben, werden als Lüste bezeichnet. Die Weisen erwachten zu der Wahrheit, dass sie mit dem Prinzip und nicht mit konventionellen Ideen gehen müssen. Friedvoll im Herzen, nichts mehr zu tun, so wandeln sie sich im Einklang mit den Jahreszeiten. Alle Existenz hat keine Substanz, und sie selbst verlangen nach nichts. Sie wissen, dass die Götter des Glücks und des Unglücks immer gemeinsam umherziehen, und dass die Dreifache Welt, *in der sie so lange gelebt haben, wie ein brennendes Haus ist. Das Leiden kommt unausweichlich mit einem physischen Körper – wer kann darin Frieden finden? Wenn du dies vollkommen verstehst, dann vergehen die Wünsche nach anderen Umständen. Ein Sutra sagt: „Verlangen bedeutet Leiden, nicht zu verlangen ist Glückseeligkeit." So verstehen wir, dass Nicht-Verlangen die wahre Übung auf dem Weg ist.*

Die vierte Übung ist die Übung des Im-Einklang-Seins mit dem Dharma. Das Prinzip der ursprünglichen Reinheit ist das Dharma. Von diesem Prinzip her gesehen, ist alle Form ohne Substanz und ohne Anhaftung, ist weder dieses noch jenes. Das Vimalakirti-Sutra *sagt: „In diesem Dharma gibt es keine lebendigen Wesen, denn es überschreitet das einengende Konzept von ‚lebenden Wesen'. In diesem Dharma gibt es kein Selbst, denn es überschreitet das befleckende Konzept von ‚Selbst'." Wenn die Weisen dieses Prinzip verstehen und annehmen, dann üben sie den Einklang mit dem Dharma. Da es im Dharma nichts gibt, woran man festhalten kann, üben die Weisen Großzügigkeit und geben ihre Körper, ihr Leben und ihre Besitztümer ohne jegliches Bedauern. Vollkommen die Einheit von Geschenk, Geber und Nehmer verstehend, fallen sie nicht Anhaftungen oder Voreingenommenheit anheim. Sich selbst von allen Unreinheiten befreiend, helfen sie bei der Befreiung aller lebenden Wesen, ohne dabei an einer Form festzuhalten. In diesem Sinne tun sie sich selbst und anderen etwas Gutes und leben den Weg der Erleuchtung. So üben sie auch die anderen fünf Vollkommenheiten. Um keine falschen Gedanken beim Üben dieser sechs Vollkommenheiten zu haben, sind sie sich nicht des Übens bewusst. Dies ist die Übung des Im-Einklang-Seins mit dem Dharma.*

Der Autor dieser Worte, Bodhidharma, in Japan als Daruma Daishi bekannt, war der dritte Sohn von Koshi Koku, einem König im südlichen Indien. Bodhidharmas eigentlicher Name war Bodai Tara, seine älteren Brüder waren Getsujo Tara und Kudoku Tara. Die folgende Geschichte wird über Bodhidharma erzählt.

Hannya Tara Sonja war ein spiritueller Meister, der von Bodhidharmas Vater sehr verehrt wurde. Eines Tages besuchte er die königlichen Paläste. Der Vater war so dankbar für die Lehre dieses Meisters, dass er ihm eine Kugel aus Jade gab. Hannya Tara Sonja zeigte diese Kugel zuerst dem ältesten Sohn des Königs und fragte ihn, was dies sei. Getsujo Tara antwortete: „Es ist eine wunderschöne Kugel, die schönste in unserem Lande – ein Schatzstück des Landes.“ Dann fragte Hannya Tara Sonja den nächsten Sohn, Kudoku Tara, wie er diese Kugel sah. Kudoku antwortete: „Dies ist eine perfekte Jadekugel, doch wenn eine gewöhnliche Person diese Kugel halten würde, dann hätte sie wenig Bedeutung. Nur weil du diese Kugel hältst, ist sie so wunderbar schön!“ Dann fragte er den jüngsten Sohn, Bodai Tara, wie er diese Kugel sah. Bodai Tara antwortete: „Dies ist wohl ein wunderbarer Schatz in dieser Welt, doch der Geist ist viel wichtiger. Es ist so, als ob man den Mond mit der Sonne vergleichen würde.“ Hannya Tara Sonja war erstaunt, wie tief das Verstehen des Jungen war.

Einige Jahre später starb der König, und Bodai Tara wurde der Schüler von Hannya Tara Sonja, von dem er den Namen Bodhidharma erhielt. Es wird gesagt, dass er vierzig Jahre lang bei seinem Lehrer blieb, danach lehrte er für weitere sechzig Jahre, während er durch Indien wanderte. Schließlich hielt er die Zeit für reif, nach China zu gehen.

Eines der bekanntesten Koan handelt von dieser Frage Meister Joshus: „Was ist die Bedeutung des Kommens des Patriarchen aus dem Westen?“ Warum hat Bodhidharma Indien verlassen und ist nach China gegangen? Bodhidharma ist nicht einfach nur gegangen, um die Lehre der Erleuchtung zu verkünden. Er selbst hatte Erleuchtung erlebt und war direkter Nachfolger in der Linie von

Shakyamuni Butsu, dem Buddha und seinem Schüler Makakasho Sonja. Im *Mumonkan* steht, eines Tages hielt der Buddha eine Blume hoch, und sofort verstand Makakasho Sonja. Das war der Anfang der Weitergabe des Erwachens Shakyamuni Butsus bis zum heutigen Tage. Wenn diese Lehre nur als eine Philosophie betrachtet worden wäre, dann hätte es so etwas wie eine Weitergabe nicht geben können. Dieses Erleben des Erwachens ist, was der Buddha an jenem Morgen erlebte und dann an uns weitergab, was uns die Möglichkeit eröffnet, diesen Weg zu gehen. Dieser Weg kann nicht durch das Studieren der Worte Buddhas verstanden werden. In China waren die Menschen, bevor Bodhidharma kam, damit beschäftigt, die Philosophie und die Lehren Buddhas und die Werke aus dem alten Indien zu studieren. Doch diese Worte waren nicht die wahre Lehre, diese Worte allein konnten niemanden zum Erleben der Erleuchtung führen. Was dann konnte die Buddha-Natur erwecken? Es war die Mission Bodhidharmas, dieses direkte Erleben nach China zu bringen. Bodhidharma war dafür auserkoren, Buddhismus nach China zu bringen. Keine Worte, sondern die konkrete und wahre Essenz des Buddhismus.

Fünfzehnhundert Jahre sind seit Bodhidharma vergangen. Man möge sich vorstellen, wie schwer es für einen alten Mann damals gewesen sein muss, den Indischen Ozean mit dem starken Wind und der rauhen See zu überqueren. Es wird gesagt, dass Bodhidharma drei Jahre für die Überquerung brauchte, bis er endlich in China ankam. Es hat ihn sicherlich viel Kraft und Energie gekostet. Bodhidharma hatte keine Pläne, je nach Indien zurückzukehren, und er schaute sich auch nicht einfach nur nach einem neuen Ort für seine Lehre um. Er wusste ganz sicher, dass es dies war, was er zu tun hatte, jenseits von persönlichen Wünschen und Notwendigkeiten. Würde er wirklich Schüler des Buddhismus in China finden? Das wusste er nicht. Würden sie das verstehen, was er zu lehren hatte? Er konnte es nicht sagen. Wie verwirrt waren die Chinesen hinsichtlich der wahren Bedeutung des Dharma? Das konnte er auch nicht vorausssehen.

Bodhidharma überquerte den Ozean nach China zur Zeit des Kaisers Ryo No Butei (Kaiser Wu von Liang). Er wurde „Buddhismus unterstützender Kaiser“ genannt, weil er viele Sutren kopieren und verbreiten ließ. Er baute tausende von Tempeln und unterstützte zehntausend Mönche. So versuchte er, das spirituelle Niveau seines Landes zu erhöhen. Als er hörte, dass Bodhidharma nach China kam, war er voller Freude.

Als Bodhidharma ankam, sagte der Kaiser: „Ich habe viele Tempel gebaut, unterstütze das Leben von zehntausend Mönchen und habe viele Sutren übersetzen lassen. Was für ein Verdienst erlange ich dadurch?“ Bodhidharma antwortete: „Kein Verdienst.“ Egal wie viele Mönche es auch waren, „kein Verdienst“ war die Antwort.

Sehr leicht kann diese Antwort missverstanden werden. Wir üben Zazen, doch können wir wahrlich dieses Zazen üben, ohne jegliches Verdienst zu erwarten? Wenn es nur den kleinsten Gedanken an das gibt, was wir bekommen könnten, dann wird uns diese unklare Sichtweise nirgendwo hinbringen. Und wenn wir dann nicht erleuchtet werden – wie können wir auf dem Weg fortschreiten?

Solange wir noch darüber nachdenken, haben wir noch weit zu gehen. Wie Joshu sagte: „Die Buddha-Natur eines Hundes: Gebe dich vollkommen hin, von den Zehenspitzen bis oben zum Kopf!“ Wenn es nur das minimalste Bewusstsein von gut und schlecht gibt, dann ist man quasi wie tot. Man muss diesen Ort erleben, wo es nicht mehr den geringsten Schimmer von Irgendetwas gibt. Wenn man diesen Ort erlebt, dann kann man zum ersten Mal verstehen, was es bedeutet, kein Verdienst zu erwarten. Solange man sich noch der Atmung und des Körpers bewusst ist, solange ist man noch weit entfernt.

Bodhidharma antwortete: „Kein Verdienst!“ Das besagt alles. Wenn du wunderbare Dinge tun willst, wie Tempel bauen und Mönche unterstützen – bitte sehr! Doch wenn du dir dabei deiner selbst bewusst bist, dann ist dein Tun unrein und beschmutzt.

Der Kaiser war schockiert und fragte weiter: „Tempel bauen, Schüler unterstützen und Sutren übersetzen – wenn all diese Dinge kein Verdienst bringen, was ist dann das Allerwichtigste in dieser Welt? Was ist die tiefste Bedeutung von allem?“ Bodhidharma antwortete: „Große Leere, nichts Heiliges.“ Nichts Besonderes. Nur große Leere, wie der volle, weite Himmel. Nichts, wofür man dankbar sein muss. So müssen wir alle sitzen. Ganz gerade, wie der Berg Fuji vom Meer aufsteigt – Zazen, welches unseren Körper streckt und das tiefste Zentrum berührt.

Unklares Zazen ohne Fokus reicht hier nicht aus. Es hat keinen Sinn, wenn wir nicht voll und erfüllt sind von Energie. Selbst das reicht noch nicht aus, solange da immer noch Selbst-Bewusstsein ist. So müssen wir sitzen – alles loslassen.

Bodhidharma sagte: Keine Heiligkeit, nur Leere. Solange müssen wir sitzen, bis wir dies erleben.

Der Kaiser fragte weiter: „Wer ist es, der diese Fragen beantwortet?“ Bodhidharma sagte: „Ich weiß es nicht.“ Solange da noch jemand ist, der weiß, ist es noch nicht die richtige Erfahrung. Der Kaiser konnte nichts machen. Bodhidharma verließ das Land des Kaisers Wu und ging gen Norden auf den Berg Sozan (chin.: Sung-shan). Dort wurde ihm später ein Tempel gebaut.

Es wird gesagt, dass Bodhidharma in dem Tempel Shorinji (chin.: Shaolin-ssu) neun Jahre lang vor einer Wand saß, doch wahrscheinlich hat er nicht nur gesessen. Dort hielt sich auch sein Schüler Niso Eka (chin.: Hui-ko) auf. Hätte er keinen Schüler gelehrt und das Dharma nicht weitergegeben, dann hätte die Linie aufgehört. Es kamen auch Gäste mit Fragen, die beantwortet werden mussten. Dieser Text ist eine Sammlung jener Fragen und Antworten.

Niso Eka war eigentlich ein Gelehrter, doch war er unzufrieden mit dem, was er mit seinem Intellekt erreichen konnte. Deswegen ging er zu Bodhidharma, um ihn um Hilfe und Anweisungen zu bitten. Im tiefen Winter liegt viel Schnee in dieser Gegend von China. An einem Winterabend ging Niso Eka zu Bodhidharma, der Zazen übte.

Bodhidharma drehte sich noch nicht einmal um, als Niso Eka ankam. Es schneite, und Bodhidharma bemerkte seinen Besucher nicht, bis es am nächsten Tag hell wurde. Dann fragte er: „Wer steht dort?“ – „Mein Name ist Niso Eka. Ich bin gekommen, um Buddhismus zu lernen.“

Die Menschen werden sehr leicht unzufrieden und geben viel zu schnell auf, bevor sie zu einer Lösung gekommen sind. Sie werden von Ideen bewegt und denken, dass diese das Wahre sind. Andere wiederum werden hochnäsig und zu selbstsicher bei der Übung. So findet man keine Erleuchtung. Bodhidharma wusste das genau. Niso Eka nahm ein Messer aus seinem Ärmel heraus und schnitt seinen Arm ab, um zu zeigen, wie wichtig ihm der Weg zur Wahrheit war. Bodhidharma sah dies und sagte: „Du bist verwirrt und leidest. Was ist los?“ Niso Eka antwortete: „Nach all dem mühsamen Lernen ist immer noch keine Ruhe in meinem Geist. Bitte, gib meinem Geist Ruhe.“

Als Bodhidharma dies hörte, schaute er auf und sagte: „Zeige mir deinen unruhigen und verworrenen Geist. Lege ihn vor mir hin.“ Wir wissen nicht, wie lange Niso Eka brauchte, bis er antwortete, doch endlich sagte er: „Das kann ich nicht tun. Ich kann ihn dir nicht zeigen.“ Bodhidharma antwortete: „Wenn du es nicht zeigen kannst, betrachte es genau. Wenn es dort nichts gibt, was du unruhigen Geist nennen kannst, dann hast du schon die Ruhe gefunden.“

In diesem Moment wurde Niso Eka tief erleuchtet. Er realisierte seinen tiefen Geist. Wäre er nicht durch all den Schmerz gegangen, dann hätte er es nicht so realisieren können, als Bodhidharma diese Worte sagte. Niso Eka erlebte seinen eigenen tiefen Geist, und in einem Moment war alle Schwere des Zweifelns wie weggeschmolzen.

Wir alle müssen vollkommen auf unserem Kissen sterben, mit dem eigenen Erleben zu diesem tiefen Geist zurückkehren. Wenn unser Radar rostig ist, dann kann ein Wort uns nicht helfen. Zuerst müssen wir diesen Radar durch Zazen reinigen. Wenn wir dieses nicht tun, dann gehen die Worte verloren. Entwickelt diesen vollen, prallen Geist. Wenn wir zu viele Gedanken in unserem Geist haben, dann können wir nie aufrichtig handeln.

Dieser Text von Bodhidharuma wird „Umriss für das Üben“, aber auch „Zweifacher Eintritt in das Tao“ genannt. Das Tao ist der Weg. Hierin lehrt Bodhidharma den richtigen Weg des Geistes. Mumon Osho sagte: „Der große Weg hat kein Tor.“ Es ist kein kleiner Weg, sondern der Weg von Himmel und Erde. Und doch kann man diesen Weg nicht sehen. Joshu wurde gefragt, was der Weg sei. Er antwortete: „Außerhalb des Tores verläuft Straße Nummer 2, die nach Tokyo führt.“ Es geht hierbei nicht um irgendeinen Weg, sondern um den großen Weg ohne Tor und ohne bestimmte Form. Er kann in die Irre führen, weil die Möglichkeiten so zahlreich sind. Doch generell kann dieser Weg in zwei geteilt werden.

Der erste Eintritt geschieht durch Verstehen. Es gibt diese Worte: „Eins hören und zehn verstehen.“ Selbst ohne Worte und Erklärungen kann man verstehen, was gesagt werden soll. Wenn jemand tief übt, dann braucht er oder sie nur ein wenig zu hören und versteht gleich das Ganze. Dieser Weg führt geradeaus, ganz direkt, ohne Umschauen, keine Hinweise sind notwendig, kein Zazen – er steuert direkt auf *Kensho* [Erleuchtungserfahrung] zu.

Rinzai sagte nie, dass wir Zazen üben sollten. Er sagte nur, dass wir *Kensho* erleben sollten. Er sagte, dass wir direkt und gerade gehen sollten; dann verstünden wir, ohne zu fragen, wie jeder Tag gelebt werden sollte. Wenn wir dieses Verstehen einmal erleben, dann verstehen wir auch den Rest problemlos. So erfuhr es der Sechste Patriarch.

Wir erleben *Kensho* nicht, wenn wir uns voller Energie bemühen, und auch nicht, wenn wir es überhaupt nicht erst versuchen. Wenn unsere Zazen-Kraft stark ist, dann werden wir ohne Probleme Erleuchtung erleben. So funktioniert es. Doch wenn wir *Kensho* nur intellektuell betrachten, dann hilft es uns auch nicht weiter. Wir sagen *Kensho*, *Kensho*, doch wenn wir denken, dass sich dadurch unser Charakter ändern wird, liegen wir falsch. Unser Geist wird vollkommen klar – das was spricht, sieht, hört – das ist *Kensho*. Diesen Geist können wir nicht sehen, sondern nur selbst erleben. Wenn wir unseren eigentlichen Geist erleben, dann wird uns klar, wie die Dinge in der Gesellschaft sein sollten.

Der zweite Eintritt, von dem Bodhidharma spricht, geschieht ganz direkt in unserem täglichen Leben – beim Essen, beim Gang auf die Toilette, beim Bewegen von Armen und Beinen – dort können wir es ganz direkt erleben. Es sind diese beiden Weisen: Üben und Verhalten.

Wenn unser Verhalten richtig ist, sind wir ganz natürlich auf dem Weg. Die folgenden vier Aspekte des Übens enthalten jeweils alle anderen.

Der erste Weg ist das Wissen um das Annehmen von Hass und der Umgang damit. Dies ist das Erleben von Ungerechtigkeit.

Der zweite Weg ist das Befolgen des eigenen Karmas, seine Annahme ohne Widerstand. Das ist das Anpassen an die Umstände.

Der dritte Weg ist, nichts außerhalb zu begehren, weil wir innen einsam sind oder etwas vermissen. Das ist das Suchen nach nichts. Wenn wir wahrlich innerlich erfüllt sind, dann brauchen wir nichts mehr außerhalb zu suchen.

Der vierte Weg ist das Üben des Dharma. Das heißt, im Einklang mit dem Dharma zu leben.

Wenn wir am Tor von Zen ankommen und noch etwas außerhalb unserer Selbst suchen, dann sollten wir uns selbst sagen: „In den vergangenen Leben habe ich mich vom Wesentlichen abgewendet zum Trivialen hin, bin durch viele Existenzen gewandert, meistens ärgerlich und voller Schuld wegen meiner Vergehen. Jetzt werde ich für meine Vergangenheit bestraft, obwohl ich nichts Falsches mehr tue. Weder Götter noch Menschen können voraussehen, wann eine schlechte Tat ihre Früchte tragen wird. Ich nehme dies offenen Herzens an, ohne Beschwerden wegen der Ungerechtigkeiten."

In den Sutren steht: „Wenn man auf etwas Ungewöhnliches trifft, sollte man nicht besorgt sein, denn es macht Sinn." Wenn man dies versteht, dann ist man im Einklang mit der Lehre. Und indem man Ungerechtigkeiten erlebt, beginnt man, auf dem Weg zu gehen.

Das ist die Bedeutung von *Bosatsu Gangyo Mon,* eines Sutra, das wir jeden Morgen in unserem Kloster lesen.

Die Gelübde des Bodhisattva

Schüler, wenn ich demütig die wahre Natur der Dinge betrachte, dann sind alle Dinge die wunderbare Manifestation der Wahrheit des Tathagatha. Atom um Atom, Moment um Moment, alle sind nichts anderes als das mysteriöse Leuchten des Tathagatha. Unsere wohltätigen Vorfahren ließen selbst solchen Wesen wie Vögeln und Bestien liebevolle Zuwendung und Ehrfurcht zuteil werden. Wie könnten wir anders als dankbar sein für Essen, Trinken und Kleidung, die uns den ganzen Tag über nähren und beschützen, welche in Essenz die warme Haut und das Fleisch der großen Meister sind, die verkörperlichte Barmherzigkeit Buddhas?

Wir sollten barmherzig sein zu den menschlichen Lebewesen, selbst den törichten. Obwohl sie zu unseren eisernen Gegnern werden, uns schmähen und uns anklagen, sollten wir sie als Bodhisattva-Manifestationen sehen, die in ihrer großen Barmherzigkeit geschickte Wege nutzen, um uns bei der Befreiung von unserem sündhaften Karma zu helfen, welches wir während unzähliger Kalpas durch unsere selbstbezogene, dualistische Sichtweise geschaffen haben.

Wenn wir diesen tiefen, reinen Glauben in uns erwecken, bescheidene Worte äußern und Zuflucht zum Buddha nehmen, dann wird mit jedem Gedanken eine Lotusblüte aufgehen und in jeder Blüte wird ein Buddha erscheinen. Diese Buddhas verwirklichen das Reine Land *überall und verdeutlichen das Strahlen des Tathagata unter unseren Füßen. Mögen wir diesen Geist im ganzen Universum ausdehnen, so dass wir und alle Lebewesen den Samen der Weisheit gemeinsam zur Reife bringen.*

Wir können allzu leicht den falschen Glauben hegen, dass wir unser Leben mit unserem Geburtsschrei erhalten haben. Das ist ein Irrtum, der häufig geschieht. Wenn wir es genauer betrachten, dann können wir sehen, dass dem nicht so ist.

Wir kommen nicht von den Steinen und der Erde. Wir kommen von den lebendigen Körpern unserer Eltern. Ist unser Leben anders als ihres? Natürlich nicht. Unser Leben kommt von ihnen und wenn wir noch weiter zurückgehen, können wir unsere Ahnen bis in die unendliche Vergangenheit zurückverfolgen. Die Erde wurde vor eintausend Millionen Jahren geboren oder noch früher. Es wird gesagt, dass ungefähr vor zehn Millionen Jahren die Menschen auf der Erde auftauchten. Somit brauchte es neunhundertneunzig Millionen Jahre, bis dieses menschliche Leben hervorkam. Das Leben, welches wir in diesem Moment zum Ausdruck bringen, erschien nicht plötzlich. Wir kamen nicht durch einen Zufall zustande. Unser Leben ist ein Teil einer ununterbrochenen Linie über Millionen von Jahren. Wir sind am gegenwärtigen Punkt dieser Geschichte und bringen dieses Leben vollkommen zum Ausdruck. Das ist die Betrachtung mit den Augen der Erde. Kämen wir von einem anderen Planeten, dann hätten wir vielleicht noch mehr Geschichte hinter uns.

Wir haben auch das in uns, was wir waren, bevor wir Menschen wurden. Als Embryo durchlaufen wir Entwicklungsphasen von Amöbe, Fisch und Vogel und anderen tierähnlichen Gestalten. In den wenigen Tagen und Monaten einer Schwangerschaft finden wir die ganze Entwicklung komprimiert.

Was haben unsere Vorfahren während jener Zeit getan? Die Vögel, die Fische, die Amöben – alle essen die Schwächeren, und die Stärkeren überleben. Wahrscheinlich haben wir bis zu diesem heutigen Tag viele Lebewesen gegessen.

Wenn wir diese geschichtliche Realität betrachten, dann haben wir alles unseren Instinkten überlassen. Und so sind wir zur heutigen Gesellschaft gekommen. Haben wir alle guten Taten getan? Natürlich nicht. Alles den Instinkten überlassend, erlebten wir Kämpfe und schwere Zeiten. Die Geschichte zeigt dies klar auf. Dann entstand die Lehre Buddhas vor 2500 Jahren. Vor 2000 Jahren die Lehre von Christus, Sokrates und Konfuzius. Sie alle brachten helles Licht zu den Menschen. Vielleicht gab es davor schon Einsichten, doch niemand führte sie weiter.

Betrachtet die Situation heutzutage: Wir werden vom Krieg bedroht. Wir sind nur ein wenig schlauer geworden, das ist alles. Diese Zivilisation, welche den Instinkten die Führung überlässt, hat viele Leben gefordert. Wir nennen uns die höchst entwickelte Zivilisation, doch tragen wir immer noch die schlechten Taten der Vergangenheit in uns: Hass, anderen Übles wünschen, falsche Worte, unendlich fehlerhaftes Verhalten. Auch wenn wir behaupten könnten, dass wir in den letzten dreißig oder vierzig Jahren unseres Lebens nichts Falsches getan haben, ist das eine kurze Zeitspanne im Vergleich zur ganzen Menschheitsgeschichte. Wir könnten sagen, dass wir seit unserer Geburt niemanden belästigt haben, doch das ist nur ein kurzer Zeitraum. Betrachtet es genau. Wenn wir unser Leiden spüren, dann sollten wir mit großen Augen zurückschauen.

Bodhidharma hat eine gute Einstellung: Niemand weiß, was als nächstes geschehen wird. Die Taten der Vergangenheit tragen jetzt ihre Früchte, jetzt in diesem Moment. Ich kann nicht Gott oder den Himmel oder andere dafür verantwortlich machen. Es kommt alles von den Taten meiner Vergangenheit her. Unser Leben beginnt nicht mit dem Moment der Geburt. Wenn wir jetzt leben und Probleme haben, dann müssen wir akzeptieren, dass dies von unserer Vergangenheit herrührt. Wir dürfen es nicht anderen vorhalten.

Wenn wir schlechten Taten und fehlerhaftem Benehmen verfallen, dann werden wir zur Verantwortung gezogen und von anderen verurteilt. Diejenigen, die den tiefen Weg verstanden haben, wissen, dass wir unsere kleinliche Vorstellung von unserem Verhalten fortwerfen müssen. Dann können wir es annehmen, egal, was passiert. Selbst wenn die Menschen in der Gesellschaft nicht verstehen, ich verstehe es. Es geht darum, dies klar zu sehen und zu akzeptieren, und zwar nicht erst, nachdem wir von anderen verurteilt wurden. Wenn man wahrlich klar im Geiste ist, dann kann man die Situation annehmen, so wie sie ist, zu was sie sich auch entwickelt hat. Diese Einstellung ist selbst im Christentum nicht anders.

In einem Haus in der Nähe des Tempels Shoinji in der Stadt Hara, wo Zen-Meister Hakuin lebte, wurde die Tochter schwanger. Ihr Vater drängte die Tochter zu sagen, wer der Erzeuger sei. Da ihr Vater Hakuin respektierte und ständig über ihn sprach, behauptete sie in der Hoffnung, dass ihr Vater dann Ruhe gäbe, Hakuin sei der Erzeuger. Ihr Vater wurde jedoch noch ärgerlicher darüber, dass sich ein Priester so verhielt und brachte das Baby nach dessen Geburt vorwurfsvoll zu Hakuin. Hakuin nahm es an, ohne sich zu verteidigen. Er sagte nur: „Ach, ist das so?“ Er lief durch die ganze Stadt, um Milch für das Baby zu bekommen. Als er auf *Takuhatsu* [den Bettelgang] ging, zeigten die Leute auf ihn und machten ihn schlecht. Er schrieb einen Brief, in dem stand, dass das Gerede so extrem sei, dass er das Haus nicht mehr verlassen könne.

Langsam wurde die junge Mutter über ihr Verhalten betrübt und sagte die Wahrheit: Der wahre Erzeuger sei ein junger Mann aus der Nachbarschaft. Ihren Vater bekümmerte die Schande, die die Tochter über das Haus gebracht hatte; er entschuldigte sich ausschweifend bei Hakuin. Der sagte nur: „Ach, ist das so?“, und gab das Baby wieder zurück. Er verteidigte sich nie und beschuldigte andere nicht. Nur eine große Person auf dem Weg kann sich so verhalten.

Furuna Sonja, ein Schüler Buddhas, wollte sich in die Ferne auf den Weg machen, um zu lehren. Der Buddha sagte: „Wo du hingehst, da haben die Menschen keine Kultur. Sie werden dich treten und schlagen und dir ins Gesicht spucken. Ist das in Ordnung für dich?“ – Der Schüler antwortete: „Ich denke darüber so: Selbst wenn sie mich schlagen und treten und mir ins Gesicht spucken, töten werden sie mich nicht.“ – Daraufhin meinte Buddha: „Sie werden dich vielleicht sogar töten. Ist dir das recht?“ – Der Schüler erwiderte: „Sie befreien mich somit von meinem Körper, den physischen Qualen meines Lebens.“ – Buddha sagte: „Wenn du so viel Vertrauen hast, dann gehe dorthin, dann ist es nicht falsch.“

Der erste der vier Eintritte in den Weg ist durch das „Erleiden von Ungerechtigkeiten“ gekennzeichnet. Bodhidharma sagte es klar – nicht um uns zu beirren, sondern um uns zu stützen, damit wir diese Wahrheit in unserem täglichen Leben akzeptieren können.

Der neunte Grad des Bewusstseins, das gemeinsame Unterbewusstsein, wird in den Tiefen unseres Geistes erlebt. Wir denken dieses und jenes, oder noch etwas anderes, den ganzen Tag lang. Selbst wenn wir Zazen üben, sind wir ein Bündel voller Illusionen und dualistischer Gedanken. Unsere wahre Quelle zeigt sich erst, wenn all dies verschwindet. Unsere Quelle ist nicht im gemeinsamen Unterbewusstsein zu finden, doch dieses kollektive Unterbewusstsein enthält alle Wesen und alle Dinge. Und warum? Die Wurzel des Unterbewusstseins reicht bis zu Amida Buddha, wenn wir diesen Geist frei von Anhaftungen erleben.

Ryokan sagt es in einem Gedicht so:

Wenn wir Unglück zum Zeitpunkt von Unglück begegnen,
das ist gut.
Wenn wir Krankheit im Moment der Krankheit begegnen,
das ist gut.
Wenn wir den Tod erleben zum Zeitpunkt des Todes,
das ist gut.

Unglück und Krankheit, jeden Tag lebendig sein und dann sterben – das sind alles nur unterschiedliche Landschaften. So lassen wir uns nicht von Schmerz und Wohlgefühl bewegen, denn wir kennen ihre Quelle und ihre Vergänglichkeit. Dieser klare, reine Geist lässt uns sehen, wie es um die Gesellschaft steht, um die Welt um uns herum. Alles ist Gleichzeitigkeit. Weil der Geist des täglichen Lebens so ist, verstehen wir auch *Kensho*.

In den Sutren steht, dass wir den Hass von anderen Menschen annehmen und durch den damit verbunden Schmerz gehen sollten – es so annehmen, wie es ist. Wir können dies zur Grundlage unseres Geistes machen und von dort den großen Geist jenseits aller Anhaftungen zum Ausdruck bringen. Wir nehmen die Schwierigkeiten auf uns und nutzen sie zu unseren Gunsten, rennen nicht vor ihnen fort, sondern folgen ihnen. So werden wir auf jeden Fall Erleuchtung erlangen.

Die folgende Geschichte erzählte Hoshin Kokushi aus dem Tempel Zuiganji in Sendai. In der Nähe von Makaba gab es ein Schloss. Dort lebte ein Diener, der sich um die *Geta* (japanische Holzschuhe) des *Daimyo* (Herrscher) kümmerte. Sein Name war Heshiro. Eines Abend ging der *Daimyo* mit seinem Diener aus, doch durfte der Diener nicht in das Haus des Gastgebers hinein. Es war eine kalte Nacht in Makabe. Der Diener dachte bei sich, dass er den *Daimyo* keine kalten *Geta* anziehen lassen wolle, und er wärmte sie in seinem Mantel. Gerade als der *Daimyo* heraus kam, holte der Diener die *Geta* aus dem Mantel, auf dass der *Daimyo* keine kalten Füße bekäme. Als dieser bemerkte, dass seine Geta warm waren, stieg Ärger in ihm auf, weil er glaubte, dass Heshiro sich auf sie gesetzt hatte. Der *Daimyo* war sich nicht der Gutherzigkeit des Dieners bewusst und verstand die Sache falsch. Er schmiss die *Geta* nach dem Diener, der schnell davonrannte. Heshiro ging nach Kyoto, wo er über seine miserable Situation sehr unglücklich war. Sie waren doch beide Menschen, wieso sollte er derjenige sein, der in eine so schlechte Situation geriet? Es entschloss sich, Mönch zu werden, denn das war die einzige Möglichkeit, dass der *Daimyo* sich vor ihm verbeugen würde.

Damals konnte man nur in China Mönch werden, also fuhr er mit einem Schiff bis nach China und ging ins Kloster auf dem Berg Kinzan. Er konnte kein Wort verstehen, er konnte auch nicht lesen, weil er es als Diener nie gelernt hatte. Der Roshi im Kinzan-Kloster machte sich deswegen Sorgen. Heshiro war mit vollem Eifer dabei, und der Roshi wollte etwas für ihn tun. Er hatte eine Idee. Er malte einen großen Kreis mit einem „J“ in der Mitte und fragte Heshiro, was das sei. Heshiro übte die folgenden Tage und Nächte Zazen, um das „J“ im Kreis verstehen zu können. Er trug noch die Narben der Behandlung durch den *Daimyo* in sich, und so übte er sehr intensiv, intensiver als alle anderen Mönche. Vielleicht lag keine Bedeutung in dem „J“ in dem Kreis, doch durch seine Bemühungen erlangte er Erleuchtung beim Betrachten dieses Koan. Der eine Gedanke voller Ärger und Rachsucht brachte ihn zu diesem großen Verstehen. Endlich konnte er alles loslassen, konnte das Gefühl von außen und innen loslassen, von selbst und anderen, von Himmel und Erde, alles fiel mit einer großen Explosion ab. Er konnte die Zeichnung nicht verstehen, aber alles um ihn herum fing an zu leuchten. Er kehrte nach Kyoto zurück.

Währenddessen wurde das Kloster Zuiganji in Sendai zu einem Übungsort für die Myoshinji-Linie gemacht, und er ging als erster Priester zur Eröffnungsfeier. Es gab eine große Zeremonie. Alle Herrscher dieser Gegend hatten sich versammelt, als der Priester ein Gedicht zu Ehren des Tages halten sollte. Natürlich hatte der *Daimyo* das Gesicht von Heshiro vergessen. Das Gedicht handelte von der Fahrt zum Berg Kinzan in China, von vielen Jahren Übung, vom Erleben der Wahrheit und von der Reise zu diesem Kloster. Es handelte auch davon, wie unsere Körper aus den fünf Elementen bestehen; Trauer und Freude seien in den Augen eines Erleuchteten nicht notwendig, genauso wenig wie Eigentum, Rang oder ein bedeutender Name. Sie haben keine Bedeutung und kommen aus der Leere hervor. Die Buddha-Natur sei jetzt zurückgekehrt, um diesen neuen Platz der Übung zu eröffnen.

Dann kam der *Daimyo*, um sich vor ihm zu verbeugen. Heshiro war jetzt der Lehrer des *Daimyo*. In die *Tokonoma* (Andachtsnische) legte der Priester ein großes Tablett und vorsichtig die besagten *Geta* darauf. Der *Daimyo* trat heran, konnte jedoch noch nicht verstehen, was geschah. Der neue Priester kam von seinem großen Kissen herunter und verbeugte sich vor dem *Daimyo*. Er sagte, dass jener höchst wahrscheinlich vergessen habe, wer er sei. Auch der Priester, der früher Heshiro hieß, hatte versucht, den Vorfall zu vergessen, doch habe er es nicht gekonnt. Dann beschrieb er den Vorfall genau und zeigte ihm die *Geta* auf dem Tablett. Er sagte, dass er mit voller Energie geübt habe, damit der *Daimyo* sich vor ihm verbeugen möge. Doch genau betrachtet war es dank des *Daimyo*, dass Heshiro fortgerannt war, denn sonst wäre er für den Rest seines Lebens ein Diener geblieben. Hätte der *Daimyo* sich nicht so aufgeregt, wäre aus Heshiro nie ein Priester geworden. Voller Dankbarkeit verbeugte er sich vor dem *Daimyo*. Der *Daimyo* war äußerst erstaunt.

In der Gesellschaft ist Gerechtigkeit sehr wichtig, deswegen gibt es auch Gesetze. Wir müssen unsere Schulden bezahlen. Das ist selbstverständlich. Doch müssen wir uns fragen, ob dies der einzige Weg ist? Wie können wir unsere Fehler wiedergutmachen? Wir können vor Gericht gehen, doch selbst dann gibt es noch Streitereien und Kriege. Das wird in der Gesellschaft als normal betrachtet. Doch ist es richtig? Menschenleben zu nehmen im Namen der Gerechtigkeit? Ist das die beste Lösung, die einzige Lösung?

Es gibt noch einen anderen Weg. Wenn wir dem Zen-Weg folgen, dann werden wir Buddhisten, zum ursprünglichen Geist erwachend. Der Buddha ist unser Vorbild. In seinem Leben sah er seine Eltern sterben und sein ganzes Land zugrunde gehen. Doch Buddha schaute darüber hinaus. Er sah, dass die eigentliche Wahrheit nicht zerstört werden konnte – es gab nichts zu gewinnen und nichts zu verlieren. Der Buddhismus lehrt uns die ewige Wahrheit. Er ist kein vorübergehender Weg. Er ist die höchste Lösung, keine zeitlich beschränkte.

Egal, wie viele Kurven wir auch in unserem Leben beschreiten, irgendwann müssen wir uns unserer Buddha-Natur stellen. Idealerweise werden wir alle erleuchtet werden. Warum sollen wir es nicht jetzt gleich tun? Wir haben die Lehre von Bodhidharma und von Buddha, damit wir es jetzt und hier tun können.

Dies verstehend, übt bitte gutes Zazen. Am Anfang eines Sesshin (eine Woche intensiver Meditation) muss sich unser Körper daran gewöhnen, doch langsam können wir unsere gute Energie voll hinein geben, weil wir wissen, dass dies der Endspurt ist. Wir dürfen nicht unklar werden beim Üben. Das wäre eine sinnlose Verschwendung. Ich kann dies ganz sicher aus meiner eigenen Erfahrung sagen. Unser Leben wird jede Sekunde immer weniger. Macht ihr euch was vor? Das könnt ihr natürlich auch tun. Jeder Tag kommt nur einmal. Bitte seht diesen Punkt genau.

Jetzt möchte ich über den zweiten Aspekt des Eintritts durch das Üben sprechen. Er handelt davon, dass man dem Karma gegenüber gehorsam ist, und er wird „Anpassung an die Umstände“ genannt.

Egal, was passiert, es alles so annehmen zu können, wie es ist, und dann entsprechend in unserem täglichen Leben handeln zu können – das ist wichtig. Es geht immer darum, zu diesem Geist eines Neugeborenen zurückzukehren. Niemand hat es erahnt, zu welcher Zeit und zu welchen Eltern man geboren würde. Wir nehmen sie vollkommen und unschuldig entgegen, die Umstände, in die wir geboren werden – ohne Erwartungen, Wissen oder Vorurteile hinsichtlich unserer Situation. Mit unserer Geburt nahmen wir unsere Situation an. Wir haben nie als Kinder darüber nachgedacht, dass wir lieber in eine nicht so problematische Familie geboren worden wären. Nach der Schwangerschaft werden wir einfach geboren, mit einem lauten Schrei kommen wir auf die Welt und nehmen alles an. Die Gewohnheiten unserer Eltern und Vorfahren werden auf uns ohne Vorbereitung übertragen. „Das ist gut" und „das ist schlecht" wird erst hinterher zugefügt – es ist nicht Teil unseres Geistes bei der Geburt.

Waren wir nicht rein bei der Geburt? Niemand wird geboren und beschwert sich sofort über das Geborenwerden. Vom Grunde her sind wir eigentlich ohne jegliches egoistische Selbst. Die Welt, mit der das Baby in Berührung kommt, wird ohne Widerspruch von ihm akzeptiert. Erwachsene beschweren sich ständig. Welches ist die einfachere Lebensweise?

Wenn wir in unserem Geist frei von jeder egoistischen Sichtweise sind, dann können wir alles so annehmen, wie es ist. Wir können alles mit unseren Augen sehen, weil sie leer sind. Sie lassen keine Doppelauslöser zu. Ein Ding verschwindet und das nächste kommt hervor. Mumon Roshi erzählte oft diese witzige Geschichte: Jemand stellt sich am Morgen vor einen Spiegel und stellt fest, dass er Falten und weißes Haar bekommen hat. Er überprüft es und bemerkt, dass das Gesicht seines Großvaters noch im Spiegel vorhanden war. Natürlich funktionieren Spiegel nicht so. Unsere Augen auch nicht. Nur unser egoistisches Bewusstsein verhält sich so, und das ist schade.

Wir kennen die Lehre Bankeis von der ungeborenen Buddha-Natur. Wenn ein Hund bellt, dann hören die Menschen den Hund. Dieser Geist, der das plötzliche Bellen des Hundes hört, ist der ungeborene Buddha-Geist – dieser Geist, der ohne Voraussicht oder Planung funktioniert. Unser wahrer Geist ist frei von Ego, wie der Geist eines Babys.

Um diesen Geist verstehen zu können, üben wir das *Mu* von Joshu oder wiederholen das *Sussokan*, das Folgen des Atems von morgens bis abends. Wenn wir ständig *Mu* sagen, bedeutet dies dann, dass wir innen rein und leer sind? Wenn jemand uns Idiot nennt, werden wir wahrscheinlich sofort ärgerlich. Wo kommt dieser Ärger her, wenn die Person wirklich leer ist? Zazen üben, bis das *Mu* von alleine fließt und durch den ganzen Körper kreist – nur das kann man tun.

In unserem Kopf verstehen wir, was *Mu* sein sollte, aber es zu realisieren, ist nicht so leicht. Nicht nur im Zendo, sondern auch wenn wir essen, laufen und arbeiten. Wenn wir es stets weiterführen können, treten wir ständig *Mu* gegenüber, egal, was auf uns zukommt. Obwohl wir von Anbeginn leer sind, haben wir doch einen Körper. Wir müssen essen, schlafen. Doch unser physikalischer Körper ist nur dafür da, diese Buddha-Natur zu realisieren. In Wahrheit gibt es nichts als diesen Geist, der vollkommen klar ist. Man kann selbst keinen Namen hinzutun. Das, was die rote und gelbe Blume sieht, und das, was das Bellen des Hundes hört, ist in allen Menschen gleich. Wenn wir sagen, dass es in anderen Sprachen anders ausgedrückt wird, dann bringen wir schon Dualismus von Sprachen hinein und trennen uns vom eigentlichen Erleben. Jede Person wird mit diesem Geist geboren, von Anbeginn ist alles *Mu*. Jeder kann dies realisieren.

Wir alle sind unterschiedlich hinsichtlich der körperlichen Struktur, des Charakters, der Intelligenz und der Persönlichkeit. Warum sind wir alle so unterschiedlich? Viele Kinder denken darüber nach. Bodhidharma lehrte, dass wir alle auf natürliche Weise unterschiedlich sind. Unsere Eltern sind unterschiedlich, und auch die Eltern der Eltern sind verschieden. Es ist nicht so, dass wir alle kleine Brötchen sind, die alle in der gleichen Bäckerei gebacken wurden. Wir haben den Charakter des Vaters und der Mutter und auch ihr Karma. Warum kommt die Person neben mir aus einer reichen Familie? Egal, wie viel wir darüber nachdenken, es ändert nichts. Denn es beruht auf den karmischen Verbindungen, die schon vor unserer Geburt existierten. Alles kommt von diesem Karma.

Vom Ursprung ist unser Geist rein und leer, ohne egoistisches Selbst. Doch wieso dann, fragen wir uns, müssen wir soviel leiden? Es gibt auch diejenigen, die ständig leiden, sie leben im Leiden selbst, ohne das sie etwas daran ändern könnten, während andere vollkommen glücklich sind. Es ist alles entsprechend der karmischen Verbindungen so gekommen und wird sich auch ändern, wenn die karmischen Verbindungen sich ändern.

In der Nähe von Uwajima in Imamatsu gab es die über zehn Generationen alte Familie Konishi. Sie waren eine der zehn reichsten Familien in Japan und *Sake* (Reiswein)-Hersteller. Eines Tages ging der Vater in die Stadt; auf dem Heimweg ruhte er sich ein wenig aus und stellte ein großes Fass *Sake* neben sich ab. Ein Samurai kam vorbei, in Schweiß gebadet und müde. Der Samurai konnte das Fass mit dem *Sake* riechen. Er bat um etwas zu trinken, weil er so durstig war.

Erst nahm der *Sake*-Hersteller einen kleinen Teller voller *Sake*, spritzte von dem Teller mit einem Blatt etwas *Sake* als Gabe an die Götter in alle vier Himmelsrichtungen. Der Samurai fragte ihn, was er da tue. Der *Sake*-Macher erklärte, dass er gerade ein neues Fass *Sake* geöffnet und sich bei den Göttern der vier Himmelsrichtungen und beim *Daimyo* für diesen *Sake* bedankt habe. Der Samurai verstand, warum man sich bei den Göttern bedankt, doch warum beim *Daimyo*? Der *Sake*-Macher antwortete: „Der *Daimyo* hält das Land in Frieden, so dass alle *Sake* trinken können. Wir ehren ihn beim Öffnen eines jeden Fasses."

Der Samurai war von hoher Stellung im Schloss Uwajima und erzählte nach seiner Heimkehr dem *Daimyo*, was geschehen war. Sogleich ernannte der *Daimyo* diesen *Sake*-Hersteller zum königlichen *Sake*-Meister, der den Reiswein fürs ganze Schloss herstellen sollte. Der *Sake*-Meister und sein Reiswein wurden sehr berühmt. Zehn Generationen lang ging das so, bis der aktuelle Reiswein-Macher sein Land und die Fabrik aufgeben musste. Jetzt arbeitet er als Lehrer. Wenn die karmischen Verbindungen zuende gehen, ändert sich alles. Alles sind nur geliehene Umstände, gute Dinge, schlechte Dinge, Schmerz, Freude – alles entsteht entsprechend des vergangenen Karmas. Deswegen gibt es nichts, worauf man stolz sein sollte oder worüber man sich freuen sollte. Wenn man die gegenwärtige Realität klar sieht, dann versteht man, dass alles vergänglich ist und sich ändern wird.

Es ist schwer, diesen Fehler in schwierigen Zeiten zu begehen. Doch wenn es uns gut geht, wie leicht lassen wir uns da vom Wind des guten Glückes tragen, und wie schwach werden wir! Allzu leicht werden wir stolz und fühlen uns angenehm in unserer Situation. Das ist jedoch nur eine Art des Karmas. Egal, was vorbeikommt, wir müssen die Realität verstehen und dem Weg folgen und dürfen nicht in unserem Karma untergehen – egal ob gut oder schlecht. Wir sollten dem Karma gehorchen, alle Situationen annehmen, so wie Bodhidharma sagt: Es ist schwer für eine reiche Person, in den Himmel zu kommen, wie es schwer ist, ein Kamel durch ein Nadelöhr zu führen. So steht es auch in der Bibel.

Da war mal eine sehr reiche Familie mit dem Namen Tajima. Sie folgte einer strengen Regel, dass nach der Reisernte nur der Teil für die Familie genommen werden durfte, den sie auch tatsächlich verbrauchen würde. Der Rest musste weggegeben werden. Die Regel war, dass der Reis nie in Lagerhäusern aufgehoben werden durfte, sondern dass aller Reis an die Tempel und Schreine und an die Armen gehen sollte. Zum Ende der Tokugawa-Zeit hatte der *Daimyo* kein Geld mehr und bat alle Reichen im Land, ihm etwas abzugeben. Die Tajima-Familie hatte überhaupt kein Geld beiseite gelegt, denn sie hatte immer allen überschüssigen Reis fort gegeben. Alle wussten, dass sie kein Geld geben konnten. Andere Familien verloren viel Eigentum, doch die Tajima-Familie war sich von Anfang an bewusst, dass jeder Profit nur geliehen war.

Im Zen gibt es die Lehre vom halben Löffel Wasser. Jeden Morgen darf man in einem Zen-Kloster drei Schöpflöffel Wasser zum Gesichtwaschen benutzen. Die letzte Hälfte des dritten Löffels wird in den Brunnen zurück gegossen. Wir dürfen kein Wasser verschwenden und es einfach fortlaufen lassen, auch wenn wir fließendes Wasser haben.

Es gehören vier Haupttempel zum Myoshinji. Für jeden wurde eine Pinie gepflanzt, die jetzt noch im Myoshinji-Kloster wachsen. Es gibt eine Geschichte aus der Zeit, da diese Pinien gepflanzt wurden. Ein Priester aus dem Myoshinji war auf Reisen in der Nähe des Sees Biwa. Es war ein sehr heißer Tag und er sah das kühle Wasser. In diesem Wasser gab es einen Mann, der schwamm, und einen, der badete. Ein weiterer wusch sich am Ufer des Sees und ein vierter Mann wischte sich seinen Körper mit einem feuchten Tuch ab. Die Bedeutung der Geschichte liegt darin, dass wir allzu leicht in den See springen können, um zu schwimmen und zu baden. Der vierte Priester mit dem weisen Verstehen sagte: Ich habe nicht so gutes Karma, dass ich dieses Wasser nutzen könnte. Ich muss etwas für andere lassen. Es wäre das einfachste, jetzt das ganze Wasser zu nutzen, doch was bliebe für die kommenden Generationen? Das trifft genauso auf das Problem der heutigen Umweltverschmutzung zu. Wenn die Menschen so wie der Priester denken würden, dann gäbe es damit heutzutage nicht so ein großes Problem.

Wir leben von Anbeginn der Geschichte, schon seit hundert Millionen Jahren. Die gerade Linie, die von jener Zeit bis ins Heute führt, das ist mein Leben. Horizontal betrachtet ist alles, was die Luft auf dieser Erde atmet und das Wasser auf diesem Planeten trinkt, mein Leben. Wenn jetzt eine Atombombe fällt, ist es für uns alle vorbei. Die Erde dreht sich und die Radioaktivität fällt überall hin.

Wir müssen die Buddha-Natur klar begreifen. Zazen üben mit diesem Geist – nicht, als ob wir in einem dunklen Loch sitzen, sondern es für alle Menschen tun, die noch nicht erleuchtet sind. Es für die ganze Menschheit tun. Bei *Sussokan* ist es das Gleiche, nicht in einem dunklen Loch sitzen, sondern mit voller Energie durch das ganze Universum schreiten. Durch den Himmel brechen, mit unseren Füßen an die Wurzeln der Bäume reichen und dann dieses Leben zum Ausdruck bringen. Es gibt nichts, was erzeugt oder erzwungen werden muss. Es ist das direkte Leben, welches wir im *Zendo* [Übungsraum der Meditation] zum Ausdruck bringen. Es gibt nichts, worüber nachgedacht und was dann kreiert werden müsste. Es ist genauso mit den Koan – nur dieser Geisteszustand.

Beim Üben des Zazen lasst nichts ungetan und nichts unausgedrückt! Gebt alles! Wenn alles zum Ausdruck kommt, auch wenn wir nicht erleuchtet werden – wie frisch wird da alles! Zazen in einer tiefen Grube und mit viel Nebel im Geist bringt nichts, und wir vertun nur unsere Zeit. Erfüllt Himmel und Erde mit eurer Energie.

Jetzt möchte ich über den dritten Aspekt des Eintritts durch Übung sprechen, der das „Nicht-Verlangen“ genannt wird.

Seit der Geburt der Zivilisation oder noch früher wurde alles von Wünschen und Begierden und Instinkten bewegt: mögen und nicht mögen, dieses und jenes haben wollen, den Körper für Lüste, Ärger, Hass nutzen. Ständig suchen wir etwas, ständig tragen wir Ärger in uns, oder der sich stets beschwerende Geist findet keine Ruhe. Warum sind wir so verärgert und so voller nie endender Wünsche, so ignorant? Wir wissen es selbst nicht, doch führen wir unser Verhalten fort, und Verlangen steigt aus unserem Geist auf.

Der vierfache Weg Buddhas lehrt uns, dass wir ständig leiden. Und warum leiden wir ständig? Weil wir ständig ansammeln. Ein Mönch, der ins Kloster geht, hat wenig Eigentum, doch innerhalb eines Jahres sammelt er einen ganzen Lastwagen voller Sachen an. Und welch kostbare Dinge! Wir sammeln auch in allen Sinnesorganen: in der Nase die Düfte der Küche, im Winter viel Kleidung, bis wir wie runde Klöße aussehen. Selbst in unserem Geist sammeln wir, während wir *Sussokan* üben und unzufrieden überlegen, ob wir nicht doch einen anderen Weg gehen sollten. Säubert alles! Dafür ist *Sussokan* da! Vollzieht eine große Reinigung des Geistes!

Diejenigen, die die Wahrheit erfasst haben, sind weise und verstehen, wie der Geist der anderen Menschen und wie die Gesellschaft funktioniert. Sie wollen oft alles und finden dann keine Befriedigung. Jemand, der die Lehre Buddhas verstanden hat, und der *Nirvana*, das Erlöschen der Flammen der Lüste, des Ärgers und der Täuschungen erlebt hat, hat das gleiche Erleben wie der Buddha. Genau das hat der Buddha in seiner tiefen Erleuchtung verstanden. Jemand, der die gleiche Weisheit besitzt, wird „Erwachter" genannt. Er oder sie kennt diesen wahren Geist, leer und klar; nichts ist da, nicht der kleinste Fleck. Jemand, der diesen Geist erlebt hat, wird wahrlich nichts mehr brauchen. Warum schaust du gen Himmel mit deinen Bitten, wenn von Anfang an alles leer ist?

Wenn du nichts brauchst, dann kannst du ganz natürlich alles weggeben. Von dort kommt deine Freude – deinen Dharma-Geist an alle geben. Egal, wen man auch trifft, diesen Geist immer weggeben. Diejenigen, die so handeln, suchen nichts, sie sind froh, geben zu können. Das verleiht ihnen innere Freude.

Der Geist ohne Sorgen und Unruhe – das ist der Unterschied zwischen einer wahrlich ordinierten Person und jemandem, der nur der Form nach ordiniert wurde. Sich Sorgen über das eigene Leben zu machen, das gehört in die Welt der Menschen in der Gesellschaft. Wenn ein Mönch so denkt, dann ist er eine gewöhnliche Person der Gesellschaft, auch wenn er die Mönchskleidung trägt. Vollkommen sich anvertrauen, alles dem Geschick des Himmel überlassen – so lebt ein wahrer Mönch. Nur wenn man wahres Zazen übt, kann man diesen Geist verstehen.

Selbst wenn man sich nicht um sein eigenes Wohl kümmert, bekommt man zu essen. Der Roshi hat beim Almosengang noch keinen Tag verbracht, wo er nicht Essen und andere Gaben erhielt. Wenn man wahrlich auf dem Weg ist und nur mit dem lebt, was man braucht, dann wird man sich am Leben erhalten können und alles Nötige empfangen. Es ist möglich, einen ganzen Tag zu verbringen, ohne etwas zu essen. Wenn man beim Sitzen stirbt, dann wäre das eine gute Weise, zu sterben. Es ist wahrlich irrsinnig, wie die Menschen herumrasen und Geld machen und sich Essen kaufen.

Einmal konnte ich selbst ein Koan nicht erfassen und wollte aufgeben. Damals glaubte ich, dass niemand länger als drei Jahre brauchen sollte, um *Kensho* zu erreichen. Ich erinnerte mich an die Tränen nach dem ersten *Rohatsu-Sesshin* [besonders intensive Meditationszeit], wo ich kein *Kensho* erlebt hatte. Saß ich irgendwie falsch im Zendo? Ich ging nachts hinaus und übte die ganze Zeit, doch konnte ich kein *Kensho* erleben. Also packte ich meine Sachen zusammen und ging zu meinem Meister. Ich sagte ihm, dass ich fortgehen müsse, um so viel wie möglich sitzen zu können. Der Meister fragte: „Und was machst du dann?“ Damals konnte ich nicht verstehen, doch als die Zeit reif war, wusste ich, was zu tun war. Der Meister sagte nichts weiter zu mir.

Ich ging in die Berge von Nara, ein ständiges Sesshin haltend, dann weiter in eine andere Gegend, wo ich das gleiche tat. Es nahte die Zeit des *Rohatsu*. Ein junger Mann kam in die Berge. Beide hatten wir lange keinen anderen Menschen gesehen und waren froh, miteinander reden zu können. Ich wurde gefragt, ob ich Zen übe, und bestätigte dies. Der junge Mann war ein Anhänger des Rezitierens von Buddhas Namen, und er sagte zu mir: „Wie viel Glück du hast! Du kannst dein ganzes Leben für die Übung nutzen!“ Der junge Mann konnte nur wenig Zeit mit Üben verbringen, da er seinem Beruf nachgehen musste. Als ich dies hörte, war es wie ein Schlag auf den Kopf für mich. Alle Schwere, die ich mit mir herumgetragen hatte, fiel ab, und ich verstand, dass ich nie die Handfläche Buddhas verlassen hatte. Ich wurde sehr leicht, als ob mein Körper ohne Gewicht wäre. Ich kehrte nach Nara zurück und fand dort eine Einladung für das nächste *Rohatsu*-Sesshin vor.

Ich wusste, dass sich der Weg immer vor mir auftun würde; ich besaß die Zuversicht, nie von der Handfläche Buddhas gewichen zu sein. Seitdem war *Sanzen* [Empfangen von Unterweisungen durch einen Zen-Meister] nie wieder furchtbar. Alle Koan waren das Reifwerden meines Karmas, und ich durchschritt sie weiter und weiter.

Seitdem lag der Weg immer offen vor mir, und ich nahm an, was auch immer mir begegnete. Das ist der wichtigste Punkt: vollkommen sich anvertrauen, heute mit der vollsten Energie leben und innerlich keine Unruhe verspüren. Kein Gefühl haben, dass man dieses und jenes verstanden habe. Alles dem natürlichen Fluss von Himmel und Erde überlassen.

In Shiga gab es eine Gemeinschaft, die sich Itoen nannte, von Nishida Tenko gegründet. Er kam eigentlich von einer Fabrik, wo Pullover und Wolldecken hergestellt wurden. Eines Tages verließ er die Firma ganz plötzlich, ging mit seinen Freunden nach Hokkaido und kaufte ein großes Stück Land. Sie hatten ständig schlechte Ernten, und diese schwere Zeit nahm kein Ende. Die meisten dort besaßen eine Familie und bestanden auf einer bestimmten Menge Geld, um ihre Familien unterstützen zu können.

Sie konnten nicht klären, was mit dem Land und ihren Einnahmen zu tun sei. Schließlich wurde Tenko-san ganz betrübt und wusste keinen Weg mehr, wie er die Probleme mit den anderen Bewohnern lösen konnte. Alle gingen fort, die Wohngemeinschaft wurde beendet. Sie hatten ein ideales Dorf erschaffen wollen, doch schon nach sechs Jahren war alles vorbei.

Tenko kehrte ohne einen Pfennig in der Tasche zurück. Er wusste nicht, was er nun tun konnte, hatte keine Energie mehr und auch keinen Glauben an die Menschen. Er hatte gedacht, dass Menschen Probleme gemeinsam lösen könnten. Doch all seine Hoffnung war zerstört, was würde er morgen tun? Er hatte keine Arbeit, kein Geld, kein Essen.

Tenko setzte sich auf die Veranda eines Schreines und dachte nach. Er dachte und dachte und dachte. Er dachte die ganze Nacht hindurch, und als es dann Morgen wurde, hörte er das Geschrei eines Kindes in der Nachbarschaft. Er überlegte: „Das Kind schreit, warum kommt die Mutter nicht, um es zu füttern?“ Plötzlich hörte das Schreien auf und er wusste, dass das Baby jetzt gefüttert wurde. Dann fühlte er sich, als ob ihm jemand auf den Rücken geschlagen hätte. Plötzlich verstand er alles in seiner Tiefe. Das Baby kommt auf die Welt, und für das Essen ist gesorgt. Auch wir kamen auf die Welt, wo Luft, Wasser und Nahrung für uns bereitstehen, ob wir uns dessen bewusst sind oder nicht. Wir leben von der menschlichen Quelle, wir werden geboren, um zu leben.

Er spürte, dass damit sein Leben entschieden war, und er lieh sich Besen und Wischtuch von einer Großmutter in der Gegend aus. Er säuberte den Schrein von unten bis oben. Als er fertig war, lud die Großmutter ihn zum Frühstück ein. Er sagte, dass er den Schrein säubern wolle, weil er ihn benutzt habe, die Großmutter brauche ihn deshalb nicht zum Essen einzuladen. Sie erwiderte, er solle sich nicht so anstellen, also nahm er ihr Angebot an – er hatte schließlich schon fünf Tage lang nichts gegessen. Nach dem Frühstück wusch er das Geschirr ab und säuberte die Toilette. Er entdeckte auch noch andere Winkel, die dreckig waren, und säuberte sie. Bis zum Mittagessen arbeitete er. Dann kehrte er zu seiner Unterkunft zurück und fragte, ob er dort arbeiten könne, gegen einen Schlafplatz und Verpflegung. So fing es an. Fünfzig Jahre später hatte er keine Mahlzeit ausgelassen. Er gründete eine neue Gemeinschaft mit dem Namen Itoen, die überall alles putzte: Bahnhöfe, Gebäude ... Sie legten einen Garten an und lebten alle gleichrangig, ihr ganzes Leben, ihre ganze Energie in Hingabe schenkend.

Wenn wir nicht suchen und wünschen, dann ist die Welt, so wie sie ist, voller Glück. Alles ist meine Welt, alle sind meine Kinder. Selbst die schwierigsten Kinder sind meine Kinder. In der Stadt Hamanako gab es den Tempel Konchi, dem große Reisfelder gehörten. Der Priester war glücklich, erfreute sich an der guten Ernte in diesem Jahr. Jemand fragte, ob all diese Reisfelder zu dem Tempel gehören. Der Priester sagte: „Ja, sie gehören dazu. Die Ernte bekommen aber nicht wir." Am Eingang zu Sogenji steht eine Bank. Die Menschen bringen ihr Geld an unser Tor. Wir haben aber die Bankbücher nicht, um das Geld abzuheben. Im Frühjahr sind die Berge um Nara erfüllt von der Kirschblüte, im Herbst ist die Gegend um den Arashiya-Fluss voller Ahorn. Um Sogenji herum haben wir viele Blumen in den Bergen, wir pflücken sie nur nicht. Wir haben einen großen Garten mit einem Boot in einem Teich. Wenn wir so denken, dann haben wir einen weiten Geist. Mit dieser Weite im Geist sollten wir Zazen üben. Nur weil wir alles zu unserem Eigentum machen wollen, geraten wir in Probleme.

Im *Nirvana-Sutra* steht, dass ein Mann eine Stimme hörte und zu seinem Haus ging, um nachzuschauen. Dort fand er eine wunderschöne Frau vor. Er war erstaunt über ihre Schönheit und fragte, wer sie sei. Sie sagte, sie sei die Göttin des Glücks. Er war äußerst erfreut und bat sie hinein. Doch kurz nachdem sie in das Haus eingetreten waren, erschien eine hässliche Frau an der Tür. Als er fragte, wer sie sei, antwortete sie, dass sie die Göttin des Unglücks sei; wo auch immer sie sei, dort würde Unglück geschehen. Er sagte zu ihr, dass sie sofort verschwinden solle. Sie sagte, dass sie das nicht tun könne, denn ihre ältere Schwester sei hier, und dass sie immer zusammenbleiben müssten. Bewegt bat er beide Damen, sein Haus zu verlassen. Wie ein Seil waren die beiden miteinander verflochten. Wir werden geboren und müssen sterben. Wir können nicht nur geboren werden. Wir wollen nur das Gute und nicht das Schlechte. Das ist ein unerleuchtetes Wesen, das immer nur das Gute will.

In vierundzwanzig Stunden erleben wir Tag und Nacht. Ein vollkommener Kreis. Glückseeligkeit und Traurigkeit sind Teile des Lebens, die wir zusammen sehen sollten. Wir können nicht nur das eine annehmen. Im *Lotus-Sutra* steht die Geschichte vom brennenden Haus. Es war das große Haus eines reichen Mannes, in dem viele Familien lebten. Die älteren Leute und die Erwachsenen liefen aus dem brennenden Haus heraus, doch die Kinder waren sich der großen Gefahr des Feuers nicht bewusst und spielten weiter in dem

Haus. Die Eltern riefen zu den Kindern, dass sie aus dem Haus kommen sollten, denn das Feuer sei gefährlich, doch die Kinder wussten nicht, was Feuer und was Gefahr war und kümmerten sich nicht darum. Erst als die Eltern sagten, dass sie leckere Süßigkeiten für sie hätten, kamen die Kinder aus dem brennenden Haus heraus. Diese Geschichte handelt nicht von dem Haus und den Kindern, sondern von uns. Was machen wir nach dem Sesshin? Gehen wir in die Einkaufsstrasse? Das sind alles vergängliche Dinge. Wissen wir, wann unser Leben enden wird? Wir wissen nur, dass das Ende für uns noch nicht gekommen ist. Dieser Körper bedeutet Leiden. Wir können ihm nicht davonrennen. Wir säen ständig unser eigenes Leiden. Warum treten wir dem nicht entgegen und gehen darauf zu? Die Sutren sagen: Suchen ist Leiden. Nichts zu suchen und nichts zu verlangen, das ist innere Ruhe. Wenn man nichts sucht, dann ist man auf dem Weg.

Wenn wir Zazen üben, dann leiden unsere Körper. Unsere Beine schmerzen, wir werden müde. Wir können nicht vollkommen zu dem Ort gelangen, wo wir unsere Körper vergessen. Äußere Reize bewegen uns noch. In dem Sutra steht auch: „Wo immer es Suchen gibt, dort ist Leiden." Wir alle suchen irgendetwas.

Egal, wie viel wir uns wünschen, wir können es nicht mit uns nehmen. Wir müssen alles zurücklassen. Als der Kaiser Godaigo herrschte, war die Nation in Norden und Süden geteilt. Er musste fliehen und hinterließ ein Gedicht:

Egal, wie wunderbar eine Frau und Kinder
und Schätze sind,
selbst die Stellung eines Kaisers –
wenn man stirbt, muss man alles zurücklassen.
So steht es in den Sutren.
Wie wahr es ist!

So drückte er es aus. Selbst ein Kaiser muss alleine sterben. Wir schmücken unseren Körper und unser Leben, aber es ist alles ein Traum im Traum. Wir müssen es alles einmal zurücklassen. Nichts suchen, nichts haben wollen – das ist der eigentliche Geist. So sagte es Bodhidharma.

Der letzte Teil des Eintritts durch die Übung ist: „Das Dharma praktizieren." Er wird als vierter Aspekt aufgeführt, doch ist er der wichtigste.

Im Christentum haben wir Gott an höchster Stelle. Im Buddhismus stellen wir nicht den Buddha zuerst hin. Wir haben Buddha, seine Lehre und die *Sangha* [die Gemeinschaft]. Am achten Dezember unter dem Bodhibaum sah der Buddha den Morgenstern und realisierte seinen wahren Geist: „Das ist es, das ist es! Ich scheine dort!“ Während der sechs Jahre schwerer Übung ließ er alles los und erfuhr das neue Leben aus einem Ort der völligen Leere kommend. Was war die Substanz? Der Körper sieht und hört von dieser Leere her, erlebt die Vögel und die Bäume: Was ist das? Was ist das, was so klar ist im Geist? Was jenseits von jeglicher Beschreibung liegt?

Er war überzeugt, dass er dies niemandem mitteilen konnte, er wollte es bei diesem Erlebnis belassen, weil niemand ihm Glauben schenken würde. Es wird erzählt, sobald er wieder in tiefes *Samadhi* fiel, kamen die Götter und sagten, dass er nicht bei seiner eigenen Erfahrung bleiben dürfe, sondern dass er sie mit anderen teilen solle. Wahrscheinlich waren es nicht die besten Götter, denn ein tiefes inneres Ringen fand in Buddha statt, und er überlegte, wie er die Erfahrung jenseits der Worte anderen verständlich machen konnte. Er wusste jetzt, dass er alle Wesen lehren musste. Er musste vor allem die sehr spirituellen Inder lehren.

Sie hatten schon viele Götter in Indien, die sie verehrten, und Berge und Bäume, zu denen sie beteten. Alle wollten etwas, an das sie glauben und was sie ehren konnten. Der Buddha wusste aus eigener Erfahrung, dass es nichts Wunderbareres gab als diesen subtilen, inneren Geist, den er selbst erlebt hatte. Das war *Dharma*, die Quelle des Lebens, der Sonne, des Mondes, der Blumen und der zehntausend Dinge. Er ist die Quelle des Lebens, die Quelle des Bewusstseins, die Quelle von *Mu*. Nur dieser klare, helle Geist existiert, der die anderen Götter hervorbringt. Diesem lebendigen Leben, dem tiefen Leben, wurde der Name *Dharma* gegeben.

Er lehrte seine Erfahrung zuerst fünf Asketen, mit denen er geübt hatte, die alle sofort Erleuchtung erlebten, nachdem sie seine Worte gehört hatten. Das waren die ersten Mitglieder der *Sangha*. Es war da auch ein junger Mann, der all sein Geld gebracht hatte. Er ging in die Berge, um Selbstmord zu begehen, als er auf den Buddha traf. Der Buddha erzählte von seinem Erleben, und der junge Mann wurde sofort erleuchtet und der nächste Schüler Buddhas. Dann kam der Vater des jungen Mannes vorbei, weil er nach ihm suchte. Auch er hörte die Lehre Buddhas und wurde erleuchtet. Er nannte den Buddha zum ersten Mal „der Erwachte“.

Das Dharma ist rein in der Essenz. Es liegt jenseits von allen Unreinheiten und Anhaftungen. Es kann nicht beschmutzt werden, es wird nicht mehr und auch nicht weniger, es ist hier seit Anbeginn und kann nicht sterben. Das Bewusstsein kann vergehen, doch die Quelle, der Ursprung, die Wurzeln sterben nicht. Das, was das Bewusstsein hervorbringt, kann nicht sterben. Es ist nie zuviel oder zuwenig. Manchmal wird es Universum genannt, doch das ist schon eine Vorstellung, eine Erklärung.

Das wahre Auge des mysteriösen Dharma, die Quelle von allem, ist das, was der Buddha an die Schüler weitergab, immer weiter bis zu Bodhidharma, Niso Eka, Rinzai. Was wurde weitergegeben? Das Verstehen wurde weitergegeben an diejenigen, die rein genug im Geist waren, um die Quelle ergreifen zu können. Um das Dharma oder die wahre Natur oder das gleiche Erlebnis wie der Buddha verstehen zu können, müssen wir es selbst erleben. Wir können nicht darüber nachdenken oder darüber lesen.

Als der Buddha im Sterben lag, fragte sein Schüler Makakasho: „An wen sollen wir uns wenden, wenn du gegangen bist?“ – „Sucht Zuflucht im Dharma, findet das wegweisende Licht in eurem wahren, reinen Geist. Schaut nicht nach außen, selbst wenn ihr außen etwas Wunderbares seht. Das wird euch nur in die Irre führen, und Zweifel werden aufkommen.“ Wenn nicht jeder Schüler selbst Erleuchtung erlebt hätte, dann hätten sie seine Worte nicht verstehen können.

Unser wahrer Geist ist das Dharma. So lehrt uns Bodhidharma. In unserem eigentlichen Menschsein ist keine Farbe, kein Raum, keine Zeit. Es ist leer von Anbeginn. Wie Rinzai sagte: „In diesem Klumpen aus rotem Fleisch ist eine Person ohne Rang, die durch die Öffnungen des Körpers ein und aus geht. Wenn ihr diese Person noch nicht getroffen habt, dann tut es jetzt!“ Diese Person ohne Rang, kein Mann, keine Frau, kein Erwachsener, kein Kind, keine Farbe, keine Form – und trotzdem kommt sie durch unsere Augen, Ohren, Nase, Mund zur Erscheinung. In unserem Mund spricht sie, in unseren Augen sieht sie, in unseren Ohren hört sie, in unseren Händen kreiert sie Dinge. Sie kommt durch unsere Augen und wird zu Bäumen, Bergen, Flüssen, Vögeln, dem Baum im Garten. In unseren Ohren wird sie zum Gezwitscher der Vögel, zum Geräusch des Windes, zum Geräusch der zehntausend Dinge. Durch unsere Nase wird sie zu den Düften der Welt. Mit unseren Körpern spüren wir Hitze, Kälte, Schmerz und andere Sensationen. Diese Person ohne Rang tritt ständig ein und aus. Wenn wir es noch nicht bemerkt haben, dann können wir sie in jedem Moment erleben. So betont es Rinzai.

Diese Lebensenergie ist weder gut noch schlecht, noch ist sie von der äußeren Welt beeinflusst. Normalerweise werden wir von Mögen und Nicht-Mögen, Freude und Trauer bewegt. Die intensiven Momente des Lebens, von denen wir uns nicht abwenden können, basieren darauf. Wir haften an den schönen Dingen und meiden die Dinge, die wir nicht mögen. Wenn unser Zentrum rein ist, dann haften wir an nichts. Eigentlich gibt es auch keine unerleuchtete Person, weil alles nur ein Teil der wahren, grundlegenden Natur ist. Im Dharma, in unserem reinen Selbst, da gibt es kein Ego, weil wir nicht an einem kleinen Selbst haften. Jemand, der die Wahrheit erlebt hat, hat das gleiche Verstehen wie der Buddha, weil der verstandene, erlebte Geist der gleiche ist. Ohne Anhaften bewegt der Geist sich frei. Das ist die Bedeutung des Übens im Dharma. Jemand, der es tief verstanden hat, wird es immer leicht auf dem Weg haben.

Wenn man in der Essenz des Dharma lebt, dann ist dort ein unbewegliches Zentrum, welches keinen Wunsch beinhaltet. Dieser Geist kann wahrlich traurig werden, wenn er eine traurige Person trifft, und ist ständig bereit, etwas für die Menschen zu tun – dabei nicht nur mit dem Körper handelnd, sondern die ganze Lebensenergie gebend. Was dem am nächsten kommt, mag die Liebe einer Mutter für ihr Kind sein. Man mag es auch Instinkt nennen, doch es ist mehr. Man mag es die reinsten, aufrichtigsten Gefühle eines Menschen nennen, doch es beschränkt sich nicht nur auf die Menschen. Man kann es auch in Tieren finden. Diese wichtigen Aspekte wie Gutes tun, Gaben geben, nicht habgierig sein, nicht Leben und physischen Dingen nachlaufen, finden wir in jemanden, der wahrlich die Menschheit mit diesem reinen und klaren Geist und Herzen liebt. Das ist der Ausdruck des Verstehens des Geistes.

Wenn unser Ego auftaucht, dann werden wir habsüchtig, werden wir eng und geben nicht gerne. Shudatsu Choja war ein reicher Mann im alten Indien und besaß hunderte von Lagerhäusern, mit Gold, Silber und anderen Reichtümern gefüllt. Er teilte gerne, der Lehre Buddhas folgend. Wenn er eine arme Person sah, gab er ihr das Notwendigste. Alle respektierten ihn sehr. Doch auch sein Geben hatte Grenzen, und eines Tages waren seine Lagerhäuser alle leer. Er musste seine Diener entlassen, und nur er und seine Frau lebten zusammen. Sie verbrachten Tage, ohne zu essen. Mokurin Sonja wurde zu diesem Haus auf Almosengang geschickt. Shudatsu

Chojas Ehefrau hatte gerade die letzten hölzernen Schachteln verkauft, so dass sie genügend Reis für die nächsten Tage haben würden. Als sie Mokurin Sonja auf Almosengang sah, gab sie ihm fast den gesamten Reis und freute sich über ihre Tat. Dann kam Buddha vorbei, und sie gab ihm den Rest des Reises. Es ist leicht, etwas zu geben, wenn man viel hat, doch wenn man fast nichts hat, dann ist es nicht so leicht. Als der Ehemann nach Hause kam und keinen Reis vorfand, wurde er ärgerlich, doch sie erzählte ihm, was passiert war. Dann sagte er, dass sie das Richtige getan habe. „Wir können ja nochmal im Lagerhaus nachsehen, vielleicht finden wir noch etwas." Sie versuchten, die Türen zu öffnen, und endlich gab eine nach. Da fanden sie das ganze Lagerhaus gefüllt mit Gold und Silber. Natürlich symbolisiert dies ihren spirituellen Reichtum.

Ikkyu-san, ein japanischer Meister der Rinzai-Zen-Schule, war zum Abendessen eingeladen. Er konnte nicht alles essen, was ihm gegeben wurde. Die Dame des Hauses packte die Reste für ihn ein, so dass er sie mit sich nehmen konnte. Auf dem Heimweg traf er einen Bettler und gab ihm das Essen. Der Bettler nahm es entgegen und sagte nichts. Ikkyu meinte: „Könntest du nicht zumindest danke sagen?" Der Bettler schwieg eine Weile, dann erwiderte er: „Ich kann mich bedanken, doch das Geben alleine gibt dir schon ein gutes Gefühl, nicht wahr?" Dankbarkeit dafür zu spüren, wenn wir etwas geben können, ist ein natürlicher Ausdruck der Buddha-Natur.

Der Almosengang wurde als eine der wichtigsten Übungen Buddhas gelehrt. Wir lernen dabei die dreifache Leere. Diese Leere ist die Essenz des Dharma. Geben, Annehmen und die Gabe – alles sind eins. Ob wir tausend Yen erhalten oder zehn Yen, es ist das gleiche. Diejenigen, die geben, diejenigen, denen gegeben wird – alle sind frei von egoistischer Anhaftung und Vorurteilen. In Indien gingen die Mönche früh am Morgen auf Almosengang, ohne Verbeugungen und besondere Danksagungen. Ihnen wurde der frisch gekochte Reis zuerst gegeben, obwohl sie eigentlich kamen, um die Reste zu erhalten. Mit leerem Geist geben und nehmen, ohne Ego-Anhaftung aufkommen zu lassen, das ist die Übung. Wir gehen auf *Takuhatsu,* damit wir die dreifache Leere lernen können und uns von den Ego-Anhaftungen befreien können. In Japan verbeugen sich die Menschen voreinander und nutzen dies als Übung, um das hochnäsige Ego abzuschneiden. Das allerwichtigste ist, an keiner Form zu haften.

Das Üben des Gebens hilft der Menschheit – und der Entwicklung einer Welt der Buddhas. Die anderen guten Eigenschaften wie Beständigkeit, Meditation, Fürsorge und Weisheit bilden die Grundlage für die Befreiung der Gesellschaft und des Einzelnen. Der Weg des Geistes ist, aushalten zu können und nicht ärgerlich zu werden. Zazen üben und Schmerzen ertragen, der Kälte und dem Wunsch, sich zu bewegen, zu widerstehen, das stärkt unsere Entschlossenheit.

Alle Handlungen im Geist kommen vom reinen Geist. Säubern und sich um alles kümmern, denen, die Sorgen haben, helfen – das sind Handlungsweisen eines reinen Geistes. Sie sind der reine Ausdruck unseres wahren Geistes, wie wenn wir uns bewegen, wenn wir uns bewegen müssen, aber dabei innerlich unbewegt bleiben. Die Menschenliebe kommt aus dem tiefen Geist – all dies heißt, das Dharma zu üben.

Das wichtigste ist jedoch, so zu üben, dass wir uns des Übens nicht mehr bewusst sind. Ungerechtigkeiten ertragen, sich an Umstände anpassen, nicht suchen, aber das Dharma üben – bei allem ist wichtig, dass dies natürlich von alleine hervorkommt. Eine solche Welt beschreibt Bodhidharma im vorliegenden Text.

Die Quelle dessen, was man erlebt, hört, sieht und spürt, kann man in keinem Lexikon nachschlagen. Man kann nirgends eine Antwort finden. Das ewige Leben, die wahre Natur müssen wir direkt erleben. Bitte, erlebt diese Wurzel, und zeigt von dort, fest auf dem eigenen Erleben stehend, das Leben jenseits von Erklärungen und Verstehen, zeigt diesen Ort, der – frei von Zeit und Raum – von Anbeginn leer ist. Wir alle müssen diese wahre Natur selbst erleben, und dafür haben wir Zazen.

Zazen

In der heutigen Welt ist schwer zu verstehen, an was wir glauben sollten. In der Vergangenheit hatten wir Vertrauen in einen Gott, doch wie viele von uns wissen eigentlich noch, wie man in ein tiefes Gebet eintreten kann, in welchem wir wirklich Vertrauen und Glauben finden können? In einer Zeit, in der häufig an die Beweise der Wissenschaft geglaubt wird, gibt es für viele von uns eine Trennung zwischen der Welt der Religion und der Welt der Technik. In der Welt der Religion nehmen wir etwas an, das nicht mittels unserer Sinne gemessen werden kann, etwas, das nur ein Ideal oder ein Glaube ist, während wir in der Welt der Wissenschaft nur an Dinge glauben, die gemessen werden können und unseren fünf Sinnen einen Beweis liefern. Der Unterschied zwischen diesen beiden Welten erzeugt in uns häufig einen großen Konflikt.

Keine Person gleicht der anderen, und wir alle befinden uns auf unterschiedlichen und unmessbaren Geistesebenen. Wir haben die unterschiedlichsten Hoffnungen und Pläne. Obwohl dieser Aspekt in uns nicht gemessen werden kann, ist er doch sehr real und gibt jedem Einzelnen von uns eine sehr individuelle Essenz. Durch Zazen können wir alle zu unserer eigenen Essenz zurückkehren und zu der Essenz werden, die uns vollkommen macht. Die Fähigkeit zu dem inneren, ruhigen Ort in uns zurückzukommen, alle äußeren Ablenkungen loszulassen und zu dem ursprünglichen Raum zurückzukehren – das ist Zazen. Es ist sehr wichtig zu wissen, dass wir beim Üben von Zazen nicht danach trachten, alle gleich zu werden. Im Gegenteil, Zazen erlaubt jeder Person, genau so zu werden, wie sie wirklich ist.

Wir alle haben Vorstellungen, wie wir vorgehen sollten, und wir haben schon die verschiedensten Bücher über das gelesen, was Zazen ist und wie es geübt werden sollte. Der erste wichtige Punkt beim Sitzen ist der, mit einer ausgewogenen und stabilen Körperhaltung zu beginnen. Da wir beim Üben von Zazen in uns hineinschauen, sollten wir zuallererst unseren physischen Körper ausrichten. Sobald wir unseren Körper im Gleichgewicht haben, können wir tiefer nach innen gehen und unsere Atmung, die alles in uns verbindet, ausrichten. Dann gehen wir noch einen Schritt weiter und kommen zu unserem Geist.

Wenn wir aktiv arbeiten oder uns in unserem Alltag physisch bewegen, benutzen wir unseren Körper, um all die notwendigen Bewegungen auszuführen, die der Arbeit gerade entsprechen. In jedem Moment machen wir genau das Passende; wir schreiten so durch den Tag und vollbringen die verschiedensten Aktivitäten. Doch meistens spüren wir dabei unser Zentrum nicht; wir nehmen nicht wahr, wo dieses liegt. Je mehr wir unseren Kopf für die Arbeit benutzen, je mehr wir denken und uns konzentrieren, desto wahrscheinlicher ist es, dass unser *Ki,* unsere Energie, nach oben in den Kopf steigt. Dazu kommt noch, dass wir unterschiedliche Gewohnheiten haben, Gewohnheiten, wie wir unseren Körper bei der Arbeit nutzen, Gewohnheiten, die uns veranlassen, uns auf eine bestimmte Art zu bewegen. All diese Gewohnheiten und Handlungen haben Einflüsse darauf, wie wir unseren Körper zentrieren und ins Gleichgewicht bringen, während wir uns durch den Tag bewegen.

Während des Zazen schauen wir nicht nach außen und bewegen unseren Körper nicht, sondern sitzen still und gehen nach innen. Aus diesem Grunde ist es sehr wichtig, wie wir unseren Körper im Gleichgewicht halten. Wir betrachten dabei nicht ein physisches Selbst, indem wir in einen Spiegel blicken, sondern wir schauen tief in uns hinein, auf das, was wir sind.

Es ist leicht, bei anderen Menschen zu sehen, ob ihre Haltung gut ausgerichtet ist oder nicht. Doch um dies bei uns selbst zu spüren, müssen wir ein Gefühl äußerster Konzentration entwickeln und müssen frei von Schwere, zentriert, aufgerichtet und vollkommen im Gleichgewicht sein. Das ist der wichtigste Aspekt bei unserer Körperhaltung im Zazen. Anders gesagt, können wir den Körper als in zwei Hälften geteilt betrachten: von der Taille aus nach oben und von der Taille aus nach unten. Im oberen Teil liegen alle Sinnesorgane und die Fähigkeit zu denken; in der oberen Körperhälfte findet die Wahrnehmung statt. Im unteren Teil unseres Körpers liegt das Zentrum unserer Lebensenergie; die Eigenschaft der unteren Körperhälfte ist die, aktiv und energiegeladen zu sein.

Es gibt eine alte Geschichte von einem reichen Mann, der ein dreistöckiges Gebäude bauen wollte, damit er im oberen Stock wohnen konnte und damit höher als alle seine Nachbarn. Als der Zimmermann den Auftrag erhielt, begann er natürlich mit dem Bau des unteren Stockwerkes. Als der reiche Mann dies sah, wurde er sehr wütend auf den Handwerker und sprach: „Ich sagte, dass ich ein hohes Gebäude haben will, ich brauche keinen unteren Stock; ich will nur den dritten Stock haben. Warum soll ich mein Geld für den Bau eines unteren Stockwerks verschwenden?“

Wir lachen über diese Geschichte, doch wenn wir sie genau betrachten, erkennen wir, dass sie uns angeht. Wir möchten Weisheit und eine klare Sichtweise erlangen, aber wir ignorieren allzu leicht das untere Stockwerk bei diesem Prozess – das richtige Ausrichten des Körpers, das die Basis für diesen Weg bildet. Wir lassen allzu leicht den Körper außer acht und möchten nichts mit ihm zu tun haben. Doch damit das Gehirn und unsere Sinnesorgane, unsere Gedanken und Wahrnehmungen richtig funktionieren können, muss unser Zentrum der Lebensenergie vollkommen im Gleichgewicht sein.

Weil die richtige Körperhaltung so wichtig ist, müssen wir Zazen zunächst vom Physischen her betrachten. Wenn wir, mit den Beinen vor uns gekreuzt, auf dem Kissen sitzen, kippen wir zuerst das Becken etwas nach vorne. Das ist sehr wichtig. Wir sollten das Becken nicht nach hinten kippen. Wenn wir das Becken etwas nach vorne kippen, wird der Kopf, der sonst allzu schwer auf den Schultern liegt, gut gestützt. Kippen wir das Becken nach hinten, spüren wir die Schwere des Kopfes. Kippen wir das Becken nach vorne, ist der Kopf gut ausbalanciert und kann ohne Mühe getragen werden. Wir senken den Blick, doch schließen wir die Augen nicht. Es mag einfacher erscheinen, sich mit geschlossenen Augen zu konzentrieren, doch wenn wir die Augen schließen, fördern wir Schläfrigkeit und das Aufkommen von Gedanken. Während wir die Augen nach unten richten, dürfen wir das Kinn nicht nach unten senken, denn der Kopf soll im Gleichgewicht und ausbalanciert auf dem Körper ruhen.

Es ist auch wichtig, jegliche Verspannung im oberen Teil des Körpers loszulassen. Um dies zu erreichen, müssen wir im unteren Teil des Körpers fest zentriert sein. Um gut zentriert zu sein, sollten wir entweder im vollen oder halben Lotus sitzen; wenn auch das Kreuzen der Beine vor dem Körper nicht die einzige Form des Übens ist, hilft uns diese Art des Sitzens, im Gleichgewicht zu bleiben. Doch können wir auch im Gleichgewicht bleiben oder in der unteren Körperhälfte zentriert sein, wenn wir auf einem Stuhl sitzen oder wenn wir stehen. Diejenigen, die nur mit Mühe im Sitzen oder Stehen üben können, können sich dazu auch hinlegen. Dabei können wir uns auf das Bett oder den Boden legen, die Beine in Schulterbreite, die Hände bequem neben die Hüfte gelegt. Beim Sitzen auf dem Stuhl sollten wir darauf achten, die Beine etwas auseinander zu halten. Wir sollten uns dabei nicht anlehnen, die Wirbelsäule gerade halten, uns eher vom Zentrum des Körpers, als mit Hilfe des Stuhles aufrichten.

Obwohl es nicht notwendig ist, im vollen Lotus zu sitzen, ist es doch die beste Art, eine stabile Haltung für viele Stunden beizubehalten. Das japanische Wort für diese Haltung kann wörtlich als „die Haltung, in der die Fußsohlen zum Himmel hoch zeigen und *Ki* [Energie] ausstrahlen", übersetzt werden. Um lange Zeit in einer ausbalancierten Haltung sitzen zu können, ist es besser, beide Füße auf die Oberschenkel zu legen, statt nur einen Fuß. Normalerweise zeigen, wenn wir sitzen, laufen oder stehen, die Füße nach unten und berühren den Boden. Doch um das Erleben der Fülle des Universums erfahren zu können, ist es wichtig, die Füße manchmal nach oben zu richten. Manche Leute sagen auch, dass es das Beste für uns sei, barfuß zu laufen, denn dann haben wir direkten Kontakt mit dem Boden, wodurch die *Ki*-Energie durch uns fließen kann. Aus dem gleichen Grund ist es besser, barfuß zu sein.

Wenn unsere Zazenhaltung nicht richtig ausgerichtet ist, dann ist es nicht möglich, dass unsere Fußsohlen zum Himmel zeigen. Wenn wir unsere Füße so legen, dass sie nach oben zeigen, dann können wir spüren, wie die *Ki*-Energie aus ihnen herausstrahlt. Wenn unsere Füße nicht nach oben zeigen, wird der Fluss der *Ki*-Energie gestört. Ich benutze ein dünnes Kissen, wenn ich im vollen Lotus sitze. Zuerst lege ich mein Kissen hin, dann setze ich mich so, dass ich den unteren Teil des Rückens ein wenig nach vorn kippe. Dann lehne ich mich etwas vom Gesäß her nach vorn und zentriere dabei mein Körpergewicht zwischen den Beinen. Wenn ich meinen Körper nicht auf diese Weise nach vorne lehne, ist es schwierig, die Beine in die volle Lotushaltung zu bringen. Wenn wir im halben Lotus sitzen, ist es besser, ein etwas höheres Kissen zu benutzen. Auch hierbei lehnen wir uns vom Gesäß her zunächst nach vorn und richten uns dann wieder auf. Indem wir den Körper nach vorn lehnen, kippen wir den Unterbauch nach vorne, damit er besser und freier atmen kann. Ein weiterer wichtiger Punkt ist, die Aftermuskeln leicht zu schließen, nicht zu stark, sondern die Gegend um das Steißbein leicht angespannt zu halten. So bekommt der ganze Körper ein Gefühl der Straffheit. Wenn der Körper eine gute Haltung einnimmt, dann spüren wir eine Straffheit und sind dennoch entspannt.

Wichtig ist, dass wir mit geradem Rücken sitzen. Wir alle haben unterschiedliche Haltungsgewohnheiten, doch wenn unser Rücken nicht gerade ist, ist es schwer für die *Ki*-Energie, frei zu fließen. Wenn wir lange sitzen und unsere Aufmerksamkeit dorthin lenken, wo wir im Körper den Schmerz spüren, können wir das ganz klar sehen. Wenn der untere Teil des Rückens schmerzt, bedeutet dies, dass er, statt nach vorne zu kippen, nach hinten fällt. Wenn die Schultern hart und verkrampft sind, kommt es daher, dass wir den Hals und den Kopf nach vorne neigen. Wenn wir einen Schmerz direkt hinter den Lungen spüren, dann ist das ein Zeichen dafür, dass dort der Fluss der *Ki*-Energie stecken geblieben ist. Das bedeutet, dass wir die *Ki*-Energie beim Zazen nicht stark und lebendig genug nutzen.

Um lebendig und stark in der Nutzung der Zazen-Energie sein zu können, ist eine kraftvolle und richtige Haltung ein wichtiger Aspekt. Ebenso wichtig ist es, dem Geist bei der Übung Intensität zu verleihen. Hierfür habe ich eine besondere Methode, die ich häufig anwende. Zuerst kippe ich, wie ich schon erklärt habe, meinen unteren Teil des Rückens (und somit auch meinen Unterbauch) nach vorne, so dass das Zentrum stabil zwischen den Beinen liegt und eine feste Haltung ermöglicht. Dann richte ich meine Wahrnehmung auf die wichtige Energiebahn, welche vom Steißbein hinauf zum Scheitel des Kopfes verläuft. Ich benutze diesen Weg und stimuliere ihn mit der *Ki*-Energie. So intensiviere ich die Energie, die von meinem Steißbein bis hoch in den Kopf strömt. Allein das Lesen darüber bedeutet nicht, dass man es sofort ausführen kann; wir müssen selbst spüren, wie es zu bewerkstelligen ist. Aber das kontinuierliche Üben wird uns ganz gewiss dazu führen.

Unser Körper ist das Bindeglied zwischen dem *Ki* der Erde und dem *Ki* des Himmels, und es ist nur zu unserem Vorteil, möglichst viel vom *Ki* des Himmels zu nutzen. Wir strecken die Wirbelsäule, indem wir einen Wirbel nach dem anderen in die Höhe strecken und die Energie nach oben fließen lassen. Wir müssen dabei nicht einmal die ganze Wirbelsäule ausrichten. Schon wenn wir damit beginnen, wird das aufsteigende *Ki* die Wirbelsäule von ganz allein ausrichten. Wenn wir so üben, werden wir es ganz leicht und schnell erlernen.

Indem wir unseren Rücken auf diese Art ausrichten, bekommen wir das Gefühl, dass wir von der Wirbelsäule her hinauf in den Himmel gezogen werden. Und dann passiert etwas sehr Eigenartiges. Wenn wir so ausgerichtet sitzen und das Gefühl haben, in den Himmel hochgezogen zu werden, nimmt die Wirbelsäule ihre natürliche Haltung ein. In dieser Haltung können wir die Verspannung in den Schultern und im Hals und auch den Schmerz im Rücken loslassen. All die Spannungen, die Schmerzen in den Muskeln hinter den Lungen und im Rücken, die verspannten Schultern und der steife Nacken, rühren von der Stagnation des *Ki* im Körper her. Wenn wir unseren Rücken ausrichten und uns nach oben strecken, dann kann das stecken gebliebene *Ki* wieder frei fließen und die betroffenen Bereiche im Körper können sich entspannen und lockern. Auch wenn wir uns dessen nicht bewusst sind, sitzen wir manchmal nach links oder nach rechts geneigt. Wenn wir aber mit dem Gefühl sitzen, von der Wirbelsäule hochgezogen zu werden, dann wird sich unser Körper von alleine zentrieren und wir werden nicht mehr auf die eine oder andere Seite neigen.

Deswegen richte ich besonders am Anfang jeden Sitzens mein Bewusstsein auf die Wirbelsäule. Obwohl ich mich bei dieser Zazen-Übung nie gewogen habe und ich es somit nicht mit Bestimmtheit sagen kann, habe ich dennoch das sichere Gefühl, dabei leichter zu werden. Darüber hinaus habe ich auch bemerkt, dass die Schmerzen in meinen Beinen verschwinden, wenn ich meine Wirbelsäule wiederholt so nach oben strecke. Wenn wir sehr viele Blockaden in unserem Körper haben, viele verspannte Zonen, in denen die *Ki*-Energie stecken bleibt, dann können wir davon ausgehen, dass wir auch in unserem *Kokoro* (Geist/Herz) viele verspannte Bereiche haben. Wenn wir im unteren Teil unseres Körpers zentriert sind und unsere Wirbelsäule richtig ausrichten, dann spüren wir, dass der obere Teil des Körpers sehr weich und geschmeidig wird. Wenn wir uns bei der Übung im oberen Teil des Körpers verkrampfen, dann wird die gesamte Energie dorthin strömen. Wenn wir jedoch die Energie im Unterbauch zentrieren, dann kann die Energie durch den gesamten Körper frei fließen. Darum ist es sehr wichtig, dass wir mit gestreckter Wirbelsäule üben und die Spannung vom Oberkörper fernhalten. Ein großer Teil unseres unnötigen Denkens kommt von dieser stagnierenden Energie, welche wir nicht frei fließen lassen. Wenn wir diese Blockaden aus unserem Körper lösen, wenn wir diese Bereiche entspannen können, bemerken wir, dass auch viele festgefahrene Bereiche in unserem Geist gelöst werden.

Sobald unser Körper richtig ausgerichtet ist, können wir unser Bewusstsein auf den Atem richten. Natürlich atmen wir immer. Wenn wir nur für ein paar Minuten den Atem anhalten, sterben wir. Doch für unser Zazen benötigen wir einen offenen, sich ausweitenden, freien und leichten Atem. Wir möchten unsere Ausatmung verlängern, ohne uns jedoch im Zwerchfell zu verspannen und ohne den Atem auf den oberen Körperteil zu beschränken. Dabei ist es auch hilfreich, weite und bequeme Kleidung zu tragen, die unsere Atmung und unsere Blutzirkulation nirgends beengt.

Wie kommen wir zu einem Atem, der nicht einfach nur lang, sondern auch weit ist? Um zu einem Atem zu kommen, der weit und tief ist, müssen wir alles entspannen, das Zwerchfell öffnen, die Brust öffnen, den Hals öffnen, so, als ob wir eine leere Röhre wären, entspannt und ganz offen. Wir atmen natürlich nicht aus all diesen Körperteilen, aber dieses Gefühl der Offenheit, mit dem wir atmen, ist für die Übung wichtig. Beim Ausatmen sollten wir vollkommen ausatmen, bis der Unterbauch ganz flach ist. Um ein besseres Gespür dafür zu bekommen, können wir eine Hand auf den Unterbauch legen. Natürlich ist dies nicht notwendig, denn wenn wir vollkommen zum tiefsten und letzten Punkt hin ausatmen, wird der Unterbauch von alleine flach. Ganz am Ende des Ausatmens geben wir noch zwei sanfte Stöße hinzu. Wir forcieren dabei nicht, sondern geben nur zwei sanfte Stöße hinzu, um sicher zu sein, dass wir ganz ausgeatmet haben.

Nachdem wir vollkommen ausgeatmet haben, brauchen wir uns nicht um die Einatmung zu bemühen, da das Einatmen ganz natürlich kommt. Wenn wir so atmen, verbinden wir die Luft in unserem Körper mit der Luft außerhalb des Körpers – es ist die gleiche Luft, wir bewegen sie nur im Austausch. Wenn wir mit dieser Art der Atmung vertraut sind, haben wir nicht nur die Vorstellung, dass wir die Luft austauschen, sondern wir können direkt spüren, wie uns Leben gegeben wird und wie durch uns geatmet wird. Dann ist der Körper wirklich wie eine leere Röhre.

Um die Atmung zu stärken, gibt es eine Übung, die man vor dem Zazen machen kann. Am besten stellen wir uns vor, dass wir den Hals öffnen. Wenn wir nicht wissen, wie wir den Hals öffnen sollen, beginnen wir mit der Öffnung des Mundes. Dies entspannt die Halsmuskulatur. Nun können wir ganz bewusst den Bereich der Brust, des Zwerchfells und des Unterbauchs öffnen. Wenn wir alle diese Bereiche öffnen, ausatmen und wieder einatmen, können wir die Verbindung zwischen der Luft im Körper und der Luft außerhalb, ja die Luft der ganzen Welt spüren.

Es kann dabei hilfreich sein, den Mund für die ersten Atemzüge offen zu halten, doch dann sollten wir ihn wieder schließen. Wir atmen sowieso eher durch die Nase, aber manchmal atmen wir auch durch den Mund. Es ist besser durch die Nase zu atmen, denn sie ist so geschaffen, dass die Nasenwege die Luft feucht halten und Unreinheiten herausfiltern. Das ist die Funktion der Nase. Deshalb sollten wir durch die Nase atmen. Wenn wir die Ausatmung bis zum letzten Punkt gehen lassen, müssen wir nicht mehr den letzten Rest der Luft hinausstoßen. Der Atem strömt von alleine heraus, sobald wir die Ausatmung begonnen haben. Kein Druck und kein Forcieren sind notwendig. Und da wir wie eine leere Röhre sind, wird unser Unterbauch flach, wenn wir bis zum letzten Punkt ausatmen, woraufhin wir wieder ganz natürlich einatmen. Wenn wir diese Art der Atmung entwickelt haben – das heißt, es zulassen können, die gesamte Luft bis zum letzten Punkt heraus und dann wieder natürlich herein fließen zu lassen –, dann dauert ein Atemzug ungefähr eine Minute.

Es ist nicht notwendig, dass wir so etwas Kompliziertes denken wie: „Jetzt werde ich Zazen üben." Nur voll ausatmen, dann das Einatmen geschehen lassen, die Nase öffnen, den Rachen öffnen, die Brust öffnen, sich für das Gefühl öffnen, dass man leer ist und zu einer Röhre wird. Wenn wir es selber versuchen, können wir es nachvollziehen. Wenn wir einatmen und sich der Unterbauch füllt, können wir ein pralles Gefühl im Unterbauch wahrnehmen. Und wenn wir weiter so atmen, immer bewusst bis zum Ende ausatmen und ganz natürlich einatmen, wenn wir immer so fortfahren, werden wir merken, wie der Unterbauch dabei immer voller und praller wird. Und wir können spüren, dass das Zentrum, der *Tanden* [Unterbauch], sehr stark und fest wird.

Es ist sehr wichtig, dass wir diese Fülle im Unterbauch spüren. Dort findet sich eines der Zentren des vegetativen Nervensystems, welches sich um die Verteilung der Hormone im Körper kümmert. Die Verteilung der Hormone wiederum bestimmt, wie wir in unserem Körper im Gleichgewicht sind. Durch das Atmen im *Tanden* stimulieren wir auch das Hormon in unserem Gehirn, das die Konzentration fördert. Je mehr wir die volle Ausatmung üben und je aufmerksamer wir dem Atem folgen, desto klarer und konzentrierter werden wir.

Wenn wir dieses Zentriertsein im Unterbauch erfahren haben, erleben wir ein tiefes Gefühl des Daheimseins, das Gefühl, dass wir genau dort sind, wo wir hingehören – man kann es auch als „allumfassend" bezeichnen. Dies ist ein sehr starkes und tiefes Gefühl des Friedens. Wenn wir die Fülle in unserem *Tanden* spüren können, den Ort, in den wir hineinatmen, dann erleben wir das allumfassende Gefühl, den ruhigen, weiten Geisteszustand, in dem wir allen Menschen vergeben und sie alle umarmen können. Dieser Ort manifestiert sich, wenn wir fest zentriert sind, er ist ein ganz natürlicher Ausdruck unseres Daseins. Er manifestiert sich nicht, weil wir glauben, auf eine mitfühlende Art zu leben.

Wenn wir voll und prall im Unterbauch werden, können wir eine Klarheit des Geistes erleben, die es uns ermöglicht, die Dinge direkt wahrzunehmen und so anzunehmen, wie sie sind. Wenn wir zentriert sind, sind wir imstande zu sehen, was getan werden muss, und wir tun es dann auch. Es ist jedoch nicht so, als würden wir in einen Spiegel schauen, der alles reflektiert. Im Gegenteil – wir sehen alles direkt, wir können unmittelbar reagieren und wissen immer, wie wir mit jeder Situation und mit jedem einzelnen Menschen umgehen müssen. Das ist allen japanischen Kampfkünsten und anderen Künsten gemeinsam. In all diesen verschiedenen Künsten, in denen die Schüler zum Höchsten angespornt werden, wird die Technik des Atmens im Unterbauch gelehrt. Durch diese Art der Atmung versorgen wir unser Gehirn und unser ganzes Wesen mit reiner Luft. So schaffen wir einen Zustand, der uns wissen lässt, welches unsere Talente sind und wie wir sie am besten nutzen können. Wenn wir fest und zentriert sind, können wir unsere Arbeiten so vollbringen und verschiedene Werkzeuge auf eine Art nutzen, wie sie uns vorher nicht bekannt war. Wenn wir zentriert sind, sehen wir klar, wie jede Aufgabe zu erledigen ist, und wir nehmen sie entsprechend in Angriff. Wir erledigen unsere Arbeit viel besser und handeln mit einer Klarheit, die uns vorher nicht bekannt war.

Wenn es uns möglich ist, fließend zu atmen, weiten wir uns aus. Alles, was auf uns zukommt, empfangen wir mit einem Gefühl der Weite. Wenn wir mit diesem Gefühl der Zentriertheit unsere Arbeit tun, dann können wir alles akzeptieren; egal, was auf uns zukommt, wir gehen damit ohne Stress um. Wenn wir uns zu sehr bemühen, drängen und verspannt werden, wird alles, was wir tun, schwierig, und nichts läuft, wie es laufen sollte. Wenn wir diese Verspannung loslassen können und alles in unseren Atem geben, erfahren wir einen weiten und reichen Geisteszustand. Was immer auch passiert, wir können es annehmen und können klar erkennen, wie wir zu reagieren haben. Dieser Geisteszustand geht mit der weichen, fließenden Atmung einher. Dann können wir loslassen und alles auf eine entspannte Art annehmen.

Wenn das Zentrum im Körper sich nach unten verschiebt und der Geist freier wird und weniger haften bleibt, wird man feststellen, dass viele Gedanken aufsteigen. Man muss sie nicht verjagen. Die Fokussierung auf die Atemzüge hilft uns, die Konzentration aufrechtzuerhalten, und die Gedanken werden uns nicht zerstreuen.

Zählt mit jeder Ausatmung von eins bis zehn und beginnt dann wieder von vorne. Mit der Zeit wird das Zählen ein Bestandteil des Atemflusses werden, und wir werden uns nicht mehr auf das Zählen konzentrieren müssen. Am Anfang jedoch hilft uns das Zählen der Ausatmungen, um die gesammelte Energie und Aufmerksamkeit auf die Atmung zu richten und einen klaren Geist zu bewahren.

Wir richten die Konzentration auf jede Zahl, atmen vollkommen aus und atmen dann ganz natürlich wieder ein. Konzentriert euch voll auf das Zählen, lasst keine Lücken und Pausen während des Zählens zu, in die sich allzu leicht Gedanken einschleichen könnten. Indem wir die Konzentration auf das Zählen der Atemzüge bewahren, werden wir feststellen, dass unser Geist ruhiger wird und sich immer weniger in Äußerlichkeiten verfängt.

Der schnellste und direkteste Weg, zentriert und ruhig zu werden, ist die genaue, aufmerksame Konzentration auf jedes Ausatmen, ohne zuzulassen, dass der Geist abschweift. Wenn wir so üben, keine Lücken zwischen den Atemzügen zulassen und dabei nicht verspannen, können wir schnell den tiefen und ruhigen Ort in uns finden.

Mein Lehrer pflegte zu sagen, dass wir dabei nicht in Eile sein dürfen – wie wenn sich ein Eimer mit Wassertropfen füllen würde, ganz langsam, ein Tropfen nach dem anderen, oder wie wenn wir einen großen Ballon aufblasen, langsam, ein Atemstoß nach dem anderen. Auch darf das Zählen der Ausatmungen dabei weder mechanisch noch automatisch werden. Wir müssen so üben, dass wir jeder Ausatmung und jeder Zahl unsere volle Aufmerksamkeit schenken. Wenn wir so fortfahren und die Aufmerksamkeit auf jede Ausatmung richten, wird jener Eimer so voll und die Spannung der Wasseroberfläche so groß, dass ein winziger Tropfen ihn zum Überlaufen bringt; oder jener Ballon mit jedem Atemstoß voller und praller, bis er schließlich platzt. So weit müssen wir mit der Atmung gehen. Das können wir alle. Das ist ein ganz natürlicher Vorgang unseres Körpers. Wenn wir ihn derart nutzen, werden wir es so erleben. Das ist nichts Konzeptuelles, was nur wenigen Leuten möglich wäre. Die Gleichung lautet so: Wenn wir die Konzentration fortwährend auf den Atem richten, kommen wir unweigerlich zu dem Punkt, wo alles überläuft.

Auf diese Weise erfahren wir diesen vollen, prallen Geisteszustand. Wir erleben einen Geisteszustand, in den keine Gedanken von außen eindringen können. Wir werden vollkommen, restlos präsent. Es gibt dann keinen Ort in uns, wo sich ein Gedanke über

Vergangenheit oder Zukunft halten kann, weil wir dann ganz von praller Energie erfüllt sind. Wir sind nur noch ein Moment der Gegenwart nach dem anderen. Ein Moment der Gegenwart löst den anderen ab in dieser vollen Prallheit. Wenn wir uns in diesem tiefen Geisteszustand befinden, besteht keine Notwendigkeit, darüber nachzudenken, was man Gutes tun und Schlechtes vermeiden sollte, oder darüber nachzudenken, wie alles im Leiden begriffen ist. In diesem Moment werden alle Gedanken losgelassen. Dieser gegenwärtige Moment nimmt uns vollkommen auf. Rationales Denken kann unmöglich in ihn eindringen.

Schlussendlich geht es um nichts anderes als um die direkte Wahrnehmung dieser Essenz. Es geht nicht darum, darüber nachzudenken, sondern die Sache an sich zu erfahren, das Erleben dieses Geistes an sich. Es passiert oft, dass wir mit einer Idee von Stille sitzen. Das bringt überhaupt nichts. Dann gibt es andere Leute, die mit einer fixen Vorstellung des Nichts sitzen. Das bringt auch nichts. Und wenn wir den vielen aufkommenden Gedanken Beachtung schenken, einem nach dem anderen, Gedanken über die Vergangenheit und Zukunft, dann ist das auch kein Zazen.

Vom Ursprung her sind wir ruhig, und wenn wir eine Idee von Stille kreieren, bedecken wir unsere ursprüngliche Stille mit dieser Kreation, und dies ist sicherlich nicht die wahre Ruhe. Genauso gibt es vom Ursprung her keinen physischen Körper. Halten wir an einer Vorstellung von unserem physischen Körper fest, dann haben wir uns bereits einen Schritt von dem entfernt, was wir in Wahrheit sind.

Zen-Meister Takuan unterwies einen der größten Meister des Schwertes, dessen Name Yagyu Munenori war. In den Briefen, die Takuan an Yagyu schrieb, offenbarte er das tiefe und wichtige Geheimnis, wie sich die Grundhaltung im *Kendo* [Weg des Schwertes] und im Zazen gleichen. Diese Briefe sind bekannt unter dem Namen „Tiefe Lehre des unbewegten Geistes“ oder „unbefleckten Geistes“. Einen unbewegten Geist zu haben bedeutet nicht, mit einem Geist zu leben, der sich nie bewegt. Ein unbewegter Geist ist nicht einer, der stillsteht und stockt, wie ein Stein oder ein Baum. Nein, der unbewegte Geist, ist ein Geist, der an nichts haftet, nicht stehen bleibt und sich nicht an einen Ort klammert. Dieser Geist ist ständig in Bewegung, weil er an nichts festhält. Das verstehen wir unter „unbewegtem Geist“.

Wenn wir so etwas hören, denken wir alle: „Unmöglich! Wie können wir nur so etwas Schwieriges erreichen? Einen Geist zu haben, der an nichts haften bleibt und nie stehen bleibt!“ In Wirklichkeit ist es ganz leicht und einfach. Wir denken alle, dass es schwierig sei, einen Geist zu haben, der an nichts haften bleibt, der immer beweglich ist, einen Geist, der sich nirgends aufhält und sich nicht fangen lässt. Doch wenn wir es genau betrachten, ist es genau das, was ein Baby macht.

Im Geist eines Babys gibt es keine Angst oder Unsicherheit, dass etwas Schreckliches passieren oder dass es von jemandem umgebracht werden könnte. Im Geiste eines Babys gibt es keine Extraschicht, die sich auf das legt, was wahrgenommen wird. Ich will damit nicht sagen, dass das Baby ein Kendo-Meister oder der Meister seines Lebens ist. Doch was ermöglicht dem Baby, Dinge direkt wahrzunehmen? Was hält uns davon ab, in diesem Geisteszustand zu leben? Es ist nicht, weil wir unseren Geist geändert oder mit dem Älterwerden einen anderen Geist angenommen hätten. Mit diesem Geist eines Babys oder Kindes sind wir alle ausgestattet, doch haben wir so viele Dinge angesammelt, dass uns dieser Geist nicht mehr zugänglich ist. Wir haben Ideen gehortet, Schichten von Konditionierungen, verschiedene Erlebnisse und rationales Verstehen dieser Erlebnisse angehäuft. Um unseren eigentlichen Geist zu erkennen, müssen wir all dies loslassen, was unseren Geist durcheinander bringt.

Rinzai Zenji, der große Zen-Meister, der im neunten Jahrhundert in China lebte, beschreibt diesen Geist als ein Babygesicht, umgeben von weißem, dreitausend Fuß langem Haar. Das ist Rinzais Beschreibung von jemandem, der imstande ist, diese Reinheit und den klaren Geist eines Babys zu manifestieren und gleichzeitig eine tiefe Erfahrung in der Gesellschaft hat – von jemandem, der direkt wahrnehmen kann und dabei Verantwortung trägt, weil er genug vom Leben gesehen hat, um zu wissen, dass Verantwortung notwendig ist.

Kufu ist ein oft im Zusammenhang mit dem Üben gebrauchtes japanisches Wort, ein Wort, das schwer zu übersetzen ist. Wir geben es normalerweise mit „kreativer und einfallsreicher Arbeitsweise“ wieder, wobei es nichts mit einer intellektuellen Problemlösung zu tun hat. *Kufu* beschreibt, was die Handwerker tun, um kreativ und einfallsreich bei ihrer Arbeit zu sein und dabei nicht einem intellektuellen Prozess zu folgen, sondern spontan und natürlich ihre Werke zu schaffen. Früher zum Beispiel mussten die Feuerwehrmänner manchmal ein ganzes Haus zerstören, um zu verhindern, dass sich der Brand weiter ausbreitete. Sie mussten häufig auf das Dach steigen und alle Ziegel brechen und zerstörten dabei oft das ganze Haus, damit das Feuer nicht die Nachbarschaft erfasste. Was man in einer solchen Situation tut, wie man sich entscheidet, was zu tun ist, das ist *kufu*. Wenn unser Leben auch an einem seidenen Faden hängt, handeln wir ohne einen einzigen unnötigen Gedanken mit allem, was wir sind. Wenn wir so agieren wie auf des Messers Schneide, dann ist das *kufu*.

Genauso geht es beim Üben des Zazen nicht darum, dass wir vage und unentschlossen sind. Wir dürfen dabei nicht halb entschlossen sitzen, teils Zazen machen und teils an etwas anderes denken. Es geht darum, dass wir mit dem ganzen Wesen ins Zazen eintauchen und alles geben. Wir gebrauchen dabei nicht unser rationales, unterscheidendes Gehirn und denken weder an gut noch schlecht, weder an Gewinn noch Verlust, und wir trennen auch unser eigenes Selbst nicht von dem anderer Menschen.

In diesem Sinne könnte man den Geist eines Babys als religiös bezeichnen. Die Wissenschaft sagt, dass ein Baby mit sechzehn Monaten zum ersten Mal die Bedeutung von „eins" begreift. Wenn es dreiundzwanzig Monate alt ist, begreift es, was „zwei" ist. Wenn es die Bedeutung von „eins" begreift, dann sieht das Baby immer noch alles als Amida, als Buddha. Egal, wie schrecklich oder wie gut ein Mensch ist, egal, was er verbrochen hat, ein Baby sieht jeden Menschen als Teil von diesem „eins". Doch sobald das Baby „zwei" begreifen kann, wird alles geteilt. Wenn dies geschieht, beginnen die Kinder konditioniert zu werden und rational zu denken. Durch die Praxis des Zazen können wir zu dem Geist zurückkehren, der „eins" ist. Wir sehen dann alles als gleich, trennen die Dinge nicht in „zwei", und der rationale, dualistische Geist wird ausgeschaltet. Dann kehren wir sogar noch weiter zurück, bis zum ursprünglichen Geist von „null".

Im Buddhismus wird oft gesagt, dass wir mit einem großen, runden, hellen Geist wie ein Spiegel ausgestattet sind. Wir haben den Geist, der alles reflektieren kann, doch bedeutet dies nicht, dass wir einen Spiegel irgendwo in uns haben.

Diesen Geist haben wir von Anbeginn. Die Essenz des großen, hellen Spiegelgeistes ist die gleiche wie die eines Neugeborenen. In ihr wird alles genau so reflektiert, wie es ist, wie in einem Spiegel, ohne Urteile, Ideen oder Ansichten über das, was reflektiert wird. Sobald wir zu trennen beginnen, fügen wir weitere Gedanken hinzu und entfernen uns vom Geist eines Babys, diesem klaren Spiegelgeist.

Während ich dies sage, mögen viele denken: „Ein Baby! Was soll so gut daran sein, den Geist eines Babys zu haben? Was kann ein solcher Geist zur Lösung der heutigen Probleme der Welt beitragen? Was kann er in der Gesellschaft bewirken?“ Diese Art von Denken entsteht immer, wenn wir etwas mit einer Idee verknüpfen. Diese Art der mentalen Beschäftigung in unserem Geist, die wir nicht verhindern können, kommt ununterbrochen mit jedem neuen Gedanken auf.

In uns ist aber auch der Geist eines Babys, der wie ein Spiegel alles, ohne Ideen und Urteile, reflektiert. Er hat keine Vorstellung davon, ob etwas gut oder schlecht ist. Er reflektiert alles genau so, wie es ist, alles wird gleich widergespiegelt. Er reflektiert nicht auf die eine und dann wieder auf die andere Art, nur weil er denkt, dass das eine gut und das andere schlecht sei. Er fällt kein Urteil, fügt keine speziellen Ideen hinzu – alles wird einfach so widergespiegelt, wie es ist.

Selbstverständlich will ich damit nicht sagen, dass wir die Fähigkeiten des rationalen Geistes, der denken und nützliche Entscheidungen treffen kann, ignorieren sollten. Ich will damit sagen, dass in Bezug auf unseren ursprünglichen Geist, auf unser wahres Wesen, nichts gedacht oder rational verstanden werden muss. In unserem Zazen versuchen wir nicht, diesen großen Spiegelgeist zu verstehen; wir wollen mit ihm eins werden, ohne ihn zuerst rational zu entwerfen. Wir versuchen nicht, eine Vorstellung über das wahre Wesen zu stülpen. Wenn wir die Klarheit dieses Geistes erleben, wird alles, was wir je darüber gedacht haben, werden alle schönen Gedanken darüber, alle freudigen Erwartungen, nur als Schattenwesen erkannt, flüchtige Schatten, die vor diesem klaren Spiegel vorbeiziehen. Der Spiegel selbst, der alles urteilslos so reflektiert, wie es ist, ist dieser ursprüngliche Geist. Wenn wir diesen Geisteszustand direkt erleben können und das Gewahrsein, das aus diesem Geist hervorkommt, erfahren, wissen wir sofort, dass die vielen Ideen, mit denen wir behaftet waren, nichts als Schattenwesen sind, die an diesem Gewahrsein vorbeiziehen. Wir erkennen, dass alles, was wir erfahren, alles, woran wir haften und was wir normalerweise als einen Teil unseres Lebens betrachten, unabhängig davon, wie wirklich es uns erscheinen mag, vor diesem klaren Spiegel nichts als bloße Trübung ist, die kommt und geht. Wenn wir das einsehen, wenn wir die Vergänglichkeit dieser Dinge erkennen, wissen wir, wie unnötig es ist, uns an sie zu klammern. Aus der Sicht des großen klaren Spiegels ist auch der einzige, kleinste Gedanke nichts als ein Schatten.

Sobald wir diesen Spiegelgeist realisiert haben und die Dinge direkt und klar erleben, genau so, wie sie sind, können wir ganz natürlich auf alles reagieren, was uns entgegen kommt, ohne eine extra Schicht unserer Meinungen, Ideen oder Urteile darüber zu legen. Wenn etwas direkt in diesem Spiegel reflektiert wird, reagieren wir richtig, bewegen uns und handeln dementsprechend, ohne eine Idee oder ein rationales Verständnis hinzuzufügen, wie zum Beispiel die Frage: „Wie sollten wir die Sache angehen?“ oder „Wie mache ich es am besten?“ oder „Wie funktioniert es am besten?“. Wir gehen die Sachen nicht so an, sondern reagieren, sobald etwas reflektiert wird, natürlich und spontan, auf die beste Weise.

Wenn wir ganz spontan auf etwas reagieren, dann haben wir keine Vorstellung davon, wie gut wir es geschafft haben, beurteilen nicht mehr jede Handlung und denken nicht, dass wir etwas Besonderes getan haben. Wenn wir aus diesem klaren Geist handeln und spontan auf alles reagieren, dann haftet uns kein Gedanke von unserem kleinen Selbst und davon, wie es die Situation bewältigt hat, mehr an. Egal, ob wir gelobt oder beschimpft werden, egal, ob man einen Idioten aus uns macht, wir tragen es nicht mit uns herum. Wenn es vorbei ist, ist es vorbei. Das ist unser ursprünglicher und natürlicher Geist. Wenn wir uns nicht an fixe Vorstellungen klammern, bewegen wir uns und reagieren wir natürlich und frei. Wir alle denken: „Ich kann etwas so Schwieriges nicht zustande bringen, das ist unmöglich, das ist viel zu schwer.“ Aber selbst der Gedanke, dass wir so etwas nicht schaffen können, ist wieder nur ein Schatten.

Was ich über die Haltung beim Zazen und über die Atmung erklärt habe, kann nicht vom Kopf her verstanden werden. Es muss erlebt werden. Wir können nicht nur einfach eine Beschreibung über das Zazen lesen oder hören und dann sagen: „Ich verstehe es, so ist es.“ Jeder von uns muss selbst erfahren, was hier erklärt wurde. Gedanken darüber, wie es sein könnte, oder mentale Vorstellungen sind nutzlos. So bringen wir es nicht zustande, so funktioniert es nicht. Wir können nicht einfach denken: „Jetzt verstehe ich es, für mich stimmt es jetzt.“ So einfach ist es nicht.

Priester Ikkyu sagte, es sei bedauerlich, dass sich ein Baby nach der Geburt mit jedem Tag weiter und weiter von der Buddha-Natur entferne. Indem wir gleichermaßen Konzepte und Konditionierung anhäufen, entfernen wir uns immer mehr vom ursprünglichen, klaren Geist. Dessen müssen wir uns bewusst werden. Wenn wir das erkannt haben, können wir den Weg wählen, der uns zum ursprünglichen Geist zurückführt. Dafür hat man Zazen, und darum geht es beim Zazen.

Doch Zazen kann nicht konzeptuell geübt werden. Wir haben diesen wunderbaren Körper, den wir ausrichten und dafür benutzen können. Wir haben diesen weiten, großen Atem, mit dem wir loslassen und in dem wir aufgehen können. Doch nur das Wissen darum, dass wir diese Werkzeuge haben, genügt nicht. Wir müssen sie beleben, und wir müssen sie gebrauchen.

Wenn wir wissen, dass wir nicht auf ein kleines Selbst in diesem Körper beschränkt sind, auch nicht beschränkt auf ein kleines Selbst, das dieser Atem ist, sondern dass alles ein allumfassender, weiter Geist ist, aus dem wir geboren werden, dann können wir unseren Atem ausrichten und werden nicht mehr von den kleinen, auf uns bezogenen Ideen gefangen genommen. Wir lassen uns nicht mehr irritieren und uns nicht mehr von Kleinigkeiten aus der Ruhe bringen. Wenn wir wissen, dass all diese Dinge nur Schatten sind, können wir sie gehen lassen. Nur weil wir unseren eigentlichen Geist nicht erkennen und ihn nicht mit allem, was wir sind, wahrnehmen, halten uns konzeptuelle Ideen fest, und wir können sie nicht loslassen. Wenn wir unseren Körper und unsere Atmung ausrichten, erfahren wir dies. Wir werden die Natur dieser Schatten erkennen und imstande sein, sie gehen zu lassen.

Wenn wir dies lesen und dabei denken: „Ach, das ist viel zu schwierig für mich, ich möchte doch weiter nur ein angenehmes und einfaches Leben führen“, bedeutet dies, dass wir uns schon entschlossen haben, nicht zu diesem großen Geist erwachen zu wollen, auch wenn wir ihn in uns haben. Wir alle können diesen Geist erfahren. Egal, was vor uns treten wird, ob ein Buddha, ein Gott oder ein Teufel – wer auch immer vor uns steht, wir sehen ihn genau, wie er ist. Wir alle sind dazu fähig. Wir haben diesen ursprünglichen Geist, und wir können ihn erfahren und ihn leben.

Bitte lasst euch bei eurem Zazen nicht durch meine Worte stören. Wenn ihr mal nicht frisch und nicht wach beim Üben von Zazen seid, wird euch vielleicht etwas von dem helfen, was ich gesagt habe. Deswegen habe ich alles so lange und ausführlich erklärt.

Fragen und Antworten

Frage: Wenn ich ganz bis zum Ende auszuatmen versuche, dann spüre ich oftmals einen Widerstand im Brustbereich und in den Lungen. Was kann ich tun, damit ich tiefer ausatmen kann?

Antwort: Wenn du eine Verspannung im Brustbereich und in den Lungen spürst und es dir schwer fällt, ganz auszuatmen, dann liegt es oftmals daran, dass dein Zwerchfell geschlossen ist, dass dort etwas verspannt ist. Für die meisten von uns ist das Zwerchfell verspannt und fest, weil wir es über lange Zeit hinweg aus Gewohnheit so gehalten haben, und es kann oftmals recht schwer sein, dort hindurch zu atmen. Wenn du versucht hast, dich zu entspannen und es dir immer noch schwer fällt, dann versuche es mit Hinlegen und entspanne dich dabei. Dann übe die Ausatmung ganz bedächtig. Lass die Luft hinaus, doch drücke sie nicht hinaus. Das ist sehr wichtig. Lass es zu, dass du ein bisschen und noch ein bisschen mehr ausatmest, ohne jegliche Kraft zu gebrauchen. Entspanne dich vollkommen beim Liegen und lass es zu, dass die Luft durch das Zwerchfell dringt, doch immer nur ein wenig, ohne Druck dahinter. Es mag ein Weilchen dauern, bis du dich daran gewöhnt hast, weil wir normalerweise unser Zwerchfell schließen und nur flach atmen. Das ist eine neue Art der Atmung mit dem Körper, der bisher an eine andere Atmung gewohnt war, darum sei geduldig und versuche es nicht zu erzwingen.

Frage: Du sagst, dass die Einatmung natürlich kommen sollte, doch ich finde, dass ich nach Luft ringe, sobald ich etwas tiefer ausatme.

Antwort: Natürlich ist es zu bevorzugen, wenn diese Art der Atmung ohne Anstrengung geübt werden kann. Wenn wir jedoch gerade mit dem Üben beginnen, ist es schwer, dies ohne Anstrengungen zu tun, weil wir noch nicht genau wissen, wie es zu bewerkstelligen ist. Deswegen kann es hilfreich sein, wenn man zum Ende des Ausatems noch ein paar weiche Stöße hinzufügt – kein Erzwingen, nur weiches Drücken –, um sicher zu sein, dass alle Luft heraus ist. Wenn man dies tut, dann wird man spüren, wie der Einatem natürlich kommt. Es ist so, als ob das kreierte Vakuum des Ausatems die Einatmung hervorbringt – man muss sich keine Sorgen um den Einatem machen, er kommt von ganz alleine. Doch am Anfang muss man sich anstrengen, um den Prozess zu unterstützen, bis sich der Körper daran gewöhnt hat, wie der Atem sich bewegt und wie er funktioniert. Leg dieses leichte Drücken auf den Ausatem, um die Luft bis zum letzten Ende auszuatmen. Wenn man ganz ausatmet, dann zieht dieses Vakuum im Unterbauch ganz natürlich neue Luft herein, und dann atmet man wieder aus. Es geht dabei nicht darum, seinen Atem bis zum letzten Punkt zu überziehen, sondern um das Zulassen des Ausatems bis zum letzten Punkt, es bis zum letzten Punkt hin zu befreien. Wenn man dann ein paar Mal leicht drückt, wird die Einatmung von allein ganz natürlich passieren.

Frage: Während der Ausatmung soll man sich auf den *Tanden* konzentrieren, sagst du. Wo legt man die Konzentration während der Einatmung hin?

Antwort: Wenn man zum Beispiel Tennis spielt, kann man den Schläger nicht ständig im festen Griff haben. Es ist gut so, wenn man den Ball gerade schlägt, doch wenn der Ball auf einen zufliegt und wenn man dabei den Schläger festhält, wird man nicht frei reagieren können. Nachdem man einen festen Halt am Griff hatte, muss man auch wieder locker lassen können. Wenn man den Griff etwas lockert, wo ist dann die Aufmerksamkeit? Wenn man immer nur fest hält, dann wird man sich nicht mit dem Ball bewegen und entsprechend handeln können. Wenn man ganz ausgeatmet hat, dann wird der Einatem ganz natürlich kommen.

Für die Kampfkünste ist oftmals von großer Wichtigkeit, einen scharfen und konzentrierten Fokus zu haben, wobei auch die Betonung auf den Ausatem gelegt wird. Es gibt in den Kampfkünsten etwas, was „nachhallendes Echo“ genannt wird. Dies bedeutet: Wenn man etwas getan hat, geht die Bewegung immer noch weiter, sie fährt fort. Genauso ist es mit unserem Atem; der Einatem folgt dem Ausatem ganz natürlich.

Wenn man die Übung des *Sussokan* gemacht hat, sein Bewusstsein auf seinen Atem konzentriert hat, dann kann man verstehen, dass der Ausatem von großer Wichtigkeit für die Konzentration ist. Indem wir uns auf den Ausatem konzentrieren, schärfen wir unsere Konzentration. Es ist nicht nur der Atem, der sich ausweitet, auch die Konzentration weitet sich aus.

Frage: Wenn ich mich auf meinen Atem konzentriere, dann gähne ich manchmal. Was kann ich da tun?

Antwort: Zuallererst ist daran nichts falsch. Ein Gähnen lässt sich nicht auf geistige Müdigkeit zurückführen; es ist etwas, wonach dein Körper verlangt. Es könnte jedoch bedeuten, dass du zu flach atmest und nicht genügend Sauerstoff zu dir nimmst, wie ihn dein Körper eigentlich benötigt; also gähnt man, damit der Körper mehr Sauerstoff aufnehmen kann. Wenn man dann immer ein wenig den Ausatem verlängern kann, es nicht erzwingt, sondern ihn einfach weitergehen lässt, dann wird die Sauerstoffmenge im Körper zunehmen und man wird nicht mehr so viel gähnen.

Frage: Dieser lange, lange Ausatem – atmest du immer so, oder gibt es auch Intervalle mit langen und dann wiederum kurzen Atemzügen?

Antwort: Ich demonstriere den langen Atem, weil ich zeigen möchte, wie lang der Atem sein kann. Ich atme nicht immer so lange. Wenn man jedoch nicht gesehen hat, wie weit der Atem sein kann, dann kann man es sich nicht vorstellen. Der Punkt ist dabei nicht, dass der Atem immer so lang sein soll. Ich habe kürzere und längere Atemzüge, alle Längen sind möglich. Weil ich schon so lange übe, kann ich meinen Atem lang machen, doch bedeutet es nicht, dass alle mit solch langen Atemzügen herumlaufen sollten. Wenn ich versuchen würde, immer so zu atmen, dann könnte ich mich nie bewegen und eine Aufgabe erledigen. Der natürliche Atem ändert sich in seiner Länge abhängig von dem, was man gerade tut. Doch während des Zazens ist es möglich, dass sich der Atem so weit ausbreitet.

Frage: Wenn du diesen Atem vorführst, dann atmest du durch den Mund, doch sollten wir dabei nicht durch die Nase atmen?

Antwort: Ich habe den Atem durch den Mund demonstriert, damit ihr sehen könnt, wie er funktioniert. Normalerweise sollte man durch die Nase atmen. Doch der Atem ändert sich während des Tages; wenn man manchmal nicht genügend Luft durch die Nase aufnehmen kann, dann kann man durch den Mund atmen. Doch besser ist es, durch die Nase zu atmen. Wenn man sich noch nicht sicher ist, wie dieser Atem zu üben ist, kann es hilfreich sein, den Mund zu öffnen und zu beobachten, wie der Atem natürlich fließt.

Normalerweise atmet man achtzehn Mal in der Minute. Doch wenn man an seinem Atem arbeitet und einer tiefen Atemübung folgt, dann werden die Atemzüge pro Minute weniger, vielleicht fünf oder sechs, einigen genügen gar nur ein, zwei. Man kann eine Uhr nehmen, um zu sehen, wie es mit dem Üben geht.

Frage: Wie oft atmest du auf dieser Weise mit dem Unterbauch?

Antwort: Ich atme immer so, ich tue es immer. Ich spüre einen Energieball in meinem Unterbauch, dessen ich mir immer bewusst bin. Weil ich diese Atmung schon so lange geübt habe, ist diese Atemweise mir zu eigen geworden. Jeder, der *Sussokan* für lange Zeit übt, wird diesen Atem immer bei sich haben. Wenn man diese Atemweise selbst entwickeln will, ist es am besten am Morgen, wenn man gerade wach geworden ist und man sich ganz natürlich weit und frei fühlt. Wenn man sich ein paar Minuten Zeit nimmt und noch im Liegen an der Atmung mit dem Unterbauch übt, wird man sich leicht daran gewöhnen.

Frage: Bewegt sich der Unterbauch nach innen und dehnt sich wieder nach außen, oder ist es nur der Atem, der hinein- und hinausgeht?

Antwort: Der Unterbauch bewegt sich mit jedem Atemzug. Man sollte jedoch nicht zuviel darüber nachdenken, was passiert, wenn man sich daran gewöhnt hat. Ohne dass sich der Unterbauch nach innen und wieder nach außen bewegt, oder ohne dass man sich dessen selbst bewusst sein muss – der Atem geht einfach weiter. Dann kann man diesen Ball der Energie spüren, und man kann ihn so weit man möchte ausdehnen. Wenn man es selbst bewusst übt und beim tiefen Atem bleibt, dann wird man immer vom Unterbauch her atmen, nicht nur, wenn man gerade daran denkt. Wenn man ein gewisses Niveau der Übung erreicht hat, dann ist eine volle, pralle Energie immer präsent, ohne dass man sich darum bemühen müsste.

Frage: Warum muss man beim Üben des Zazen durch so viel Schmerz gehen?

Antwort: Genau da liegt schon die Antwort. Indem wir Zazen üben, werden wir uns bewusst, dass unser größter Feind wir selbst sind. Wenn wir sitzen, hat der Körper Widerstände, unser Geist hat Widerstände. Egal, wie stark wir auch in Relation zu den Dingen sein mögen, die von außen auf uns zukommen, sind wir meist schwach, wenn es um die Dinge geht, die von innen kommen.

Eine Beschreibung des Buddha lautet: Der, der den Mut hatte, sich selbst auszurichten. Es ist wahr, dass wir eine bestimmte Art von Mut benötigen, um die Schwierigkeiten sehen zu können, die von außen auf uns einströmen, doch brauchen wir wirklich großen Mut, um uns den inneren Schwierigkeiten zu stellen.

Es fällt uns viel leichter, zu sehen, was um uns herum passiert, als die Schwierigkeiten in unserm Innern zu entdecken – die Dinge, mit denen wir in uns ins Reine kommen müssen. Allzu leicht entdecken wir die Fehler der anderen, wir können sie beurteilen und kritisieren. Aber es fällt uns sehr schwer, mit der gleichen Aufmerksamkeit in uns selbst hineinzuschauen, um klar sehen zu können, an was wir arbeiten sollten.

Beim Zazen ist es von großer Wichtigkeit, dass man alle Verbindungen zu seinem äußeren Leben loslässt – wir legen sie beiseite. Indem wir unseren Fokus von diesen Dingen abwenden und nur nach innen schauen, können wir den Geist erleben, der alle Wesen verbindet, und wir können klar sehen, wie wir in Beziehung zu allem stehen.

Frage: Hinsichtlich der Unklarheiten im Geist – hast du irgendwelche Vorschläge, wie man unterscheiden kann, was wichtig und notwendig in der Welt ist und wonach man sich richten sollte? Das heißt: Was sind Unklarheiten und was nicht?

Antwort: Wenn du dies durch mentales Verstehen zu erfassen suchst, wird es schwer sein, eine Antwort auf diese Frage zu geben. Wenn man einem Baby Gift zu essen gibt, dann spuckt es das Gift sofort aus.

Frage: In anderen Erfahrungen mit der Meditation habe ich erlebt, dass manchmal die hervorkommenden Gedanken sehr heilsam und befreiend sein können. Wie steht es um solche hilfreichen Gedanken?

Antwort: Es ist wahr, dass einige unserer Gedanken nährend oder sogar heilsam sein können. Doch bei dieser Übung geht es nicht darum, ob diese Gedanken Wert haben oder nicht. Wenn wir die Gedanken loslassen, obwohl einige von ihnen wahrlich hilfreich sein könnten, müssen wir genau schauen, warum wir dies tun. Hierbei ist das Erleben des Geistes von Bedeutung, der alle Wesen miteinander verbindet. Der wichtige Punkt des Sitzens, des Übens in dieser Weise, ist das Erleben dieses Geistes, der für jede Person gilt und nicht nur mich betrifft.

Um selbst die kleinste persönliche Selbstreflektion ablegen zu können, müssen wir alle Gedanken loslassen, die uns zu einem Schimmer eines Selbst führen könnten. Wenn wir dies tun, wenn wir mit unseren Augen sehen und mit unseren Ohren hören, dann nehmen wir genau das wahr, was vor uns ist, ohne eine Einschränkung durch Gedanken zu erfahren. Wenn wir genau das wahrnehmen, was vor unseren Augen ist, ohne dass wir von Gedanken festgehalten werden, dann sehen wir klar und direkt und leiden nicht mehr unter dem, was wir wahrnehmen. Wenn sich dort Gedanken einschleichen, dann sehen wir nicht von der gleichen Geistesebene, mit den gleichen Ohren und Augen wie alle anderen. Wenn wir all das Denken loslassen, alle unnötigen Gedanken loslassen, dann nehmen wir von einem Standpunkt aus wahr, der für alle Wesen gleich ist. Dann bedeckt nichts Persönliches, Kleines die Wahrnehmung.

Wenn wir uns an Gedanken festhalten, selbst wenn sie hilfreich, hoffnungsvoll und unterstützend sind, dann sehen wir nicht und nehmen nicht von dem gleichen Nenner Geist her wahr; doch darum geht es bei der Übung. Somit sind diese Gedanken weder nutzlos noch hilfreich. Um diese Übung tun zu können, lassen wir die Gedanken los und kehren zu der Ebene des Geistes zurück, von der das Bewusstsein und die Wahrnehmung hervorkommen und die uns alle verbindet. Um diese Ebene des Geistes erleben zu können, üben wir Zazen.

Frage: Da es eigentlich der Geist ist, der atmet – wenn wir dann ausatmen, leeren wir dann unseren Geist, indem wir unser Bewusstsein in den Unterbauch zwängen?

Antwort: Wenn man jegliche Verkrampfung im oberen Körperteil loslässt, dann wird sich die Energie ganz natürlich im Unterbauch sammeln. Wenn sich die Energie im Unterbauch sammelt, dann entwickeln wir ein volles, pralles Gefühl im unteren Körperteil. Dabei geht es nicht darum, die Energie nach unten zu zwängen, doch wenn man den oberen Teil des Körpers entspannt, dann fließt die Energie von alleine nach unten.

Wir alle sind viel zuviel Arbeit mit dem Gehirn ausgesetzt. Das bringt die Energie zu sehr nach oben. Die Energie ist so groß, dass unser Kopf schwer wird; wir sind im oberen Teil des Körpers gefangen. Wenn wir Entspannung zulassen, wird die Energie, die wir normalerweise zum Denken benutzen, ganz natürlich zum Zentrum zurückkehren; dadurch erhalten wir ein volles und pralles Gefühl. Den Oberkörper entspannend, atmen wir in die *Tanden*-Gegend einen Atemzug nach dem nächsten, und durch das Sammeln des Atems entsteht eine große Energie. Es geht hierbei jedoch nicht darum, etwas von unserem Geist in den Unterbauch zu bringen.

Frage: Wenn wir ausatmen, leeren wir die Lungen, doch wenn wir vollkommen ausatmen, leeren wir dann nicht auch unseren Geist?

Antwort: Es ist nicht notwendig, den Geist zu leeren, denn der Geist ist vom Ursprung her leer. Man kann ihn nicht leeren. Wir füllen unsere Köpfe mit Gedanken, und wir nehmen diese Gedanken als etwas wahr, was in unserem Kopf vor sich geht; doch eigentlich sind wir nur dem Denken verhaftet. Diese Anhaftung an das Denken können wir loslassen, wenn wir vollkommen ausatmen bis zum letzten Punkt, den Atem nicht forcieren, sondern ihn bis zum letzten Punkt hinausfließen lassen. Das erlaubt das Loslassen der Gedanken. Wenn wir uns auf die Verlängerung des Ausatems konzentrieren, dann bemerken wir, dass die Gedanken immer weniger Aufmerksamkeit brauchen. Wenn wir uns auf unseren Atem konzentrieren, dann verschwinden die Gedanken von alleine und kleben nicht so an uns fest. So funktioniert es.

Frage: Meine Frage dreht sich um die Meditation beim Gehen. Beim Gehen scheint es mir schwerer zu fallen, meinen Geist vom Herumspringen abzuhalten. Üben wir deswegen die Meditation im Gehen?

Antwort: Die Übung der Meditation im Gehen kommt aus dem alten Indien, wo die Energie der Mönche nach stundenlangem Sitzen statisch wurde. Sie bemerkten, dass sie sich bewegen mussten, ihren Körper auf irgendeine Weise benutzen mussten, um die Energie wieder ins Fließen zu bringen. Dann konnten sie mit einem frischen Geist zu ihrer Meditation zurückkehren. Wenn wir lange Zeit meditieren, müssen wir unsere Muskeln bewegen und unsere Haltung ein wenig ändern, damit wir nicht fest und starr von immer derselben Haltung werden.

Beim Laufen übten die Mönche in Indien, ihre Konzentration und ihre Atmung weiterzuführen. Indem sie sich darauf konzentrierten, ihre Übung beim Laufen weiterzuführen, lernten sie, wie sie ihre Konzentration nicht nur beim ruhigen Sitzen, sondern auch in der Bewegung beibehalten konnten. Wenn sie liefen, rezitierten sie oftmals die Lehren Buddhas, um ihren Geist ruhig zu halten. Wenn sie Probleme mit Ablenkungen im Geist hatten, nahmen sie ein Mantra, den Teil eines Sutras oder einen wichtigen Spruch –

und sie wiederholten das immer und immer wieder. Wenn man nicht ruhig sitzt, sondern sich bewegt, kann es wahrlich schwerer sein, konzentriert und fokussiert zu bleiben. Deswegen benutzten sie ein Mantra, damit sie auch bei ihrer Meditation im Gehen in ihrem Zentrum blieben.

Die Leute benutzen die unterschiedlichsten Dinge, um beim Laufen konzentriert zu bleiben. Ein äußerst leicht zu benutzendes Mantra, welches ich selbst verwende, ist das Ende des Herzsutras: *„Gyate, gyate, para gyate, parasam gyate bodhi svaha.“* Dies ist ein gut zu wiederholender Rhythmus bei der körperlichen Bewegung des Laufens. Das Mantra wird normalerweise mit „gegangen, gegangen, jenseits gegangen, jenseits des anderen Ufers“ wiedergegeben, aber es hat auch die Bedeutung von „angekommen, angekommen, jetzt am Ort der Fülle angekommen“ – wir sind jetzt und hier. Wenn wir dies wiederholen, werden wir daran erinnert, dass wir uns immer auf einer klaren, ursprünglichen, vollen und weiten Ebene des Geistes befinden. Die Bedeutung der Worte ist nicht der wichtige Grund, warum wir sie wiederholen, wenn wir gehen. Es ist der besondere Rhythmus dieses Mantras, der uns dabei behilflich ist, zentriert zu bleiben. Die Bedeutung ist freilich ein Teilaspekt, warum dieses Mantra funktioniert.

Frage: Können wir diese Atmung durch die Übung des *Tai Chi* erlernen?

Antwort: Wenn wir Zazen üben, dann ist es nicht unser kleines Selbst, welches atmet, wir werden von dem gesamten Universum durchatmet. Wenn wir an unserem kleinen Selbst haften, so dass wir eng werden und nur noch automatisch handeln, dann werden wir leicht melancholisch und sehr verkrampft. Wenn wir jedoch so leben, dass wir allem gegenüber offen sind, dann können wir die Freude der wahren Bedeutung des Am-Leben-Seins spüren. Unsere Meditation sollte uns zu diesem Punkt führen. Eine Handlung zu wiederholen, bloß weil wir denken, dass wir sie vollziehen sollten, oder auch zu versuchen, die Idee davon, wie etwas sein sollte, mit seiner Realität in Einklang bringen zu wollen – all das ist nicht der Sinn der Meditation im Leben.

Wenn wir eng werden und an kleinen Perspektiven unseres Lebens haften, dann müssen wir das loslassen und uns zu dem öffnen, was durch uns kommt auf solche Weise, dass wir die Freude des Am-Leben-Seins erkennen. Das ist der grundlegende Punkt beim Zazen. Wenn wir so leben, dass wir uns melancholisch oder traurig oder nicht in Verbindung mit der Welt fühlen, dann fehlt etwas. Unsere wahre Essenz ist nämlich voller Freude und Weite, und zu dem Ort zurückkehren zu können, wo wir von der Energie des Universums durchlebt werden, ist der entscheidende Punkt der Meditation. Unser Zazen bringt uns wieder zu diesem Punkt und ermöglicht uns, wieder so zu leben. Indem wir diese Meditation üben, können wir uns daran erinnern, wie wir zu diesem Geist zurückkehren können.

Frage: Ich hatte es so verstanden, dass das Herz-Chakra der Ort ist, wo die Energie in den Körper tritt. Wie ist die Beziehung zwischen dem Herz-Chakra und dem *Tanden* als einem Zentrum der Energie in unserem Körper?

Antwort: Jedes Chakra hat einen bestimmten emotionalen Charakter. Wenn ich vom *Tanden* spreche, dann ist es eher physisch gemeint. Die volle und pralle Energie, von der ich gesprochen habe, bezieht sich nicht auf das Chakren-System. Da ist ein anderer Punkt des Eintretens. Hier spreche ich nicht von einem *Hara*-Chakra in Bezug zu einem Herz-Chakra.

Jeder, der diese Atmung übt, der diese Form nutzt, wird die gleiche körperliche Erfahrung der vollen, prallen Energie machen. In dieser vollen und prallen Energie erleben wir auch das, was alles umarmt. Indem wir dies üben, können wir unser kleines Selbst loslassen, so weit, dass wir diese große Energie erleben können, die uns erlaubt, alle Wesen und alle Dinge willkommen zu heißen und anzunehmen, wie sie sind. Das geschieht, weil diese Ebene des Geistes alle Menschen und alle Wesen miteinander verbindet. Um diesen Geist zu kennen und zu verstehen, üben wir an unserem Atem, unserem *Sussokan*. Wenn wir so den Atem fortführen, können wir die Energie und die Fülle in unserem ganzen Körper erfahren. Wir entwickeln ein großes Energiegespür für unseren ganzen Körper, nicht nur für diesen einen Ort, sondern alles umarmend, und das bringt uns auf diese Ebene des Geistes.

Ein weiterer Aspekt der Körperlichkeit der *Tanden*-Gegend ist, dass wir dort als Embryo mit unserer Mutter verbunden waren. Damals atmeten wir nicht durch unsere Nase und mit unseren Lungen, sondern wir waren zu unserem Überleben durch das *Tanden,* durch den Unterbauch verbunden. Folglich war dies ein wichtiger Ort und ein Zentrum für volle Energie, eine Stelle, durch die wir lebten. Vom Moment der Geburt an benutzen wir unsere Lungen und atmen durch die Nase, doch bis dahin ist unsere ganze Verbindung zur Lebensenergie, zur Quelle der Energie, in unserem *Tanden*. Das ist der besondere Ort, von dem ich spreche und der bei dieser Übung entwickelt wird.

Frage: Wenn ich meditiere und auf einen Punkt schaue, dann verschwindet dieser Punkt manchmal aus meiner Sicht. Die Dinge werden unklar und verschwommen, ich fühle mich weniger gegenwärtig, und ich spüre, dass mein Geist umherwandert und dass ich immer müder werde. Woher kommt das, und was kann ich dagegen tun?

Antwort: Die Frage nach der Unklarheit der Sicht und dem Verschwimmen, dem Gefühl der Müdigkeit und der Fülle der Gedanken ist sehr verbreitet. Das passiert, weil du zuviel Absicht in das Fokussieren eines Punktes legst und versuchst, dich auf einen Punkt zu konzentrieren, was dich einengt und begrenzt. Anstatt den eigenen Geist zu befreien, engst du ihn ein und machst ihn kleiner. Weil dabei viel Spannung aufgebracht wird, wird man müde und schläfrig. Um diese Art des sich selbst einengenden Fokussierens zu ändern, ist das Öffnen des Selbst auf alle möglichen Weisen wichtig. Das ist der springende Punkt des Zazen. Unser Geist wird durch Zazen klarer, nicht weil wir uns in einer angespannten Weise konzentrieren, sondern weil wir uns immer und immer mehr öffnen können. Indem wir unser Bewusstsein befreien, werden wir größer und größer.

Um diese Offenheit in einem körperlichen Sinne besser zu erreichen, muss man sich vollkommen entspannen. Wenn man ein Gefühl der Müdigkeit oder des mentalen Lärms hat, oder wenn man spürt, dass der Fokus unklar wird, dann versuche man nicht, sich noch intensiver zu konzentrieren, sondern richte nur die Augen auf den Punkt vor sich. Indem man seine Augen so ausruht, ist der Punkt immer noch klar vorhanden, doch man verkrampft sich nicht in der Konzentration. Gleichzeitig überprüfe man, ob man vom unteren Rücken her bis zum Kopf richtig ausgerichtet ist. Um dies zu tun, lehne ich selbst mich nach vorne und nach hinten, dann ziehe ich mit Absicht meine Aftermuskeln zusammen. Wenn man diese Muskelspannung intensiviert, kann man spüren, wie das *Ki* den Rücken hochsteigt, bis sich oben der Kopf öffnet; dann kann die Energie besser fließen. Unklarheit ist ein Zeichen dafür, dass die Energie stecken geblieben ist. Wenn du deine Wirbelsäule zu einer leeren Röhre machst und spüren kannst, wie die Energie von den

Aftermuskeln hoch bis zum Punkt auf dem Kopf fließt, wirst du bald mehr Kraft für dein Zazen entwickeln.

Es ist sehr wichtig, dass man dies tun kann. Genauso lehrten die alten Meister der Kampfkünste, wie man sich auf entfernte Berge konzentriert. Wenn man mit seiner Konzentration arbeitet, geht es nicht darum, unbeugsam an etwas vor den eigenen Augen festzuhalten, zum Beispiel am Schwert des Gegners oder einem bestimmten Teil seines Körpers. Sobald man sich darauf fixiert, wird man verletzlich. Das Geheimnis liegt darin, eine Konzentration und eine Offenheit des Bewusstseins zu besitzen, die sowohl den Gegner als auch die weit entfernten Berge enthält. Wenn das Spektrum deiner Wahrnehmung so weit wird, wenn das Umarmte so groß geworden ist, bedeutet es nicht, dass du nicht das sehen könntest, was direkt vor deinen Augen ist. Das Schwert des Gegenübers und alle Teile seines Körpers sind immer noch vorhanden, doch das Bewusstsein enthält sie alle. Die sich auf einen Punkt konzentrierende Wahrnehmung enthält alles. Sie bedeutet, so weit in der Konzentration zu werden, dass man alles klar sehen kann, anstatt eng zu werden und nur einen Punkt wahrzunehmen, der alles andere ausschließt.

Frage: Im Yoga ziehen wir auch die Aftermuskeln zusammen. Tut man dies im Zen bei der Ein- oder bei der Ausatmung?

Antwort: Man sollte es die ganze Zeit bei der Atmung tun. Doch muss man damit sanft und bedacht umgehen, so dass man dabei nicht zu sehr anspannt. Wenn man zu stark einatmet, dann wird man zu verspannt. Um das Gefühl dafür zu verstehen, kann man auf den Zehenspitzen stehen und sich gegen etwas lehnen. Da beim Stehen auf den Zehenspitzen diese Anspannung natürlich geschieht, kann man so lernen, wie es sich anfühlen sollte.

Frage: Ist das Öffnen oben auf dem Kopf das gleiche wie das Öffnen des *Dritten Auges?* Wie sehr sollte ich mir dessen bewusst sein?

Antwort: Der beste Weg ist, sich mit seinem ganzen Körper zu konzentrieren. Deswegen habe ich gesagt, dass es besser ist, nicht mit den Augen einen Punkt intensiv zu fixieren. Um mit dem ganzen Körper schauen zu können, um ein Fokus zu werden, der den ganzen Körper enthält, muss man alle Orte loslassen können, wo man verhaftet ist und sich festhält, und manchmal kann die Konzentration auf das *Dritte Auge* oder auf den Punkt oben auf dem Kopf dabei von Hilfe sein. Man kann die verschiedensten Arten der Konzentration ausprobieren, um dabei diese unterschiedlichsten

Orte der Anhaftung loslassen zu können. Was auch immer du versuchst, es ist wichtig, auch daran nicht festzuhalten.

Um Zazen auf die weiteste Art zu üben, muss man so sitzen, dass der ganze Körper das wird, auf was man sich konzentriert. Um dorthin zu gelangen, wo man die Anhaftungen loslassen kann, kann man sich auf die unterschiedlichsten Weisen konzentrieren. Wir können auch durch *Chi Kung* oder durch Yoga lernen, wie wir diese Anhaftungen loslassen können. Selbst die Bewegung eines Fingers oder eines Zehs kann wie Yoga oder *Chi Kung* sein, weil selbst eine einzelne Zelle die Ganzheit unseres physischen Körpers zum Ausdruck bringen kann. Wenn wir nur einen kleinen Teil unseres Körpers bewegen, dann bringen wir all das zum Ausdruck, was unser Körper ist. Das ist genau die Sichtweise, die den Berg in der Ferne sieht – uns auf diesen weit entfernten Berg konzentrierend, sollten wir immer das tun, was uns mehr und mehr befreit und unser Bewusstsein öffnet. Wenn wir den weit entfernten Berg mit einbeziehen, dann wird unsere Konzentration heller, und wir können jedes kleine Ding sehen. Wenn wir uns nur auf ein kleines Ding direkt vor uns konzentrieren, dann beachten wir nicht alles um uns herum – alles wird dunkel, und wir werden blind.

Es ist der Weg eines Meisters der Kampfkünste, die ganze Weite des Bewusstseins nutzen zu können, diese weit offene, den Berg mit einschließende Art des Bewusstseins. Das kann man nicht ganz plötzlich tun, und es kann auch nicht konzeptuell getan werden. Doch langsam, langsam öffnen wir unser Bewusstsein, um alles mit einzuschließen. Dies schafft uns dann die Möglichkeit, alle Dinge nutzen zu können, und schenkt allem Leben. Wir tun dies, indem wir immer mehr in unsere Wahrnehmung aufnehmen, und indem wir beim Öffnen spüren, dass es noch weitere Horizonte gibt.

Frage: An einem Punkt beim Üben verlieren wir alle das Vertrauen. Zu solchen Zeiten, wenn die Energie verdünnt ist und man sich ausgelaugt fühlt – was tust du da, um dich zu diesem fokussierten, zentrierten Ort zurückzubringen?

Antwort: Ich muss diese Frage an jede einzelne Person weitergeben. Wenn es die Müdigkeit des Lebens ist, dann ist Schlafen gut. Ich schlafe, wenn ich erschöpft bin. Wenn man dann aufwacht, wird das Gefühl der Verantwortung erfrischt sein. Und wenn das wieder frisch ist, dann wird auch der nächsten, notwendigen Handlung Frische zugeführt. Doch muss dies genau betrachtet werden, so dass man sich dessen klar wird, was einen ermüdet. Wenn die Müdigkeit nicht vom Körper her kommt, dann wird man durch Schlaf und Ausruhen nicht frisch.

Für jede Person ist das Gelübde der Übung, für die Befreiung aller Wesen zu arbeiten, das Wichtigste. Diejenigen, die ein tiefes Gelübde haben, können noch inmitten von Problemen handeln, egal, was für Herausforderungen ihnen entgegentreten. Diejenigen, die kein tiefes Gelübde haben, werden etwas, das sich in den Weg stellt, nicht lösen und nicht hindurchschreiten können.

Frage: Wie können wir wissen, ob wir zu müde sind und uns ausruhen sollten, anstatt sitzen zu bleiben? Dies scheint besonders während des *Sesshin* ein Problem zu sein.

Antwort: Ein Thema, das der Buddha ernsthaft behandelte, war das Schlafen. Es gibt viele Dinge, die wieder nachgefüllt werden können, wenn sie weniger werden – wir können Neues kaufen, wir können sie wieder ersetzen. Doch die Zeit, die wir in diesem Körper am Leben sind, ist sehr, sehr kostbar. Eine der großen Herausforderungen der Menschen beim Üben ist, dass wir die Kostbarkeit dieser Lebensenergie erkennen. Weil wir den großen Wert aus den Augen verlieren, weil wir dem gegenüber unklar werden, weil wir uns nicht ständig daran erinnern, dass wir nicht wissen, wann dieses Leben zu Ende sein wird, deswegen verschwenden wir unsere Zeit. Wir unternehmen unfruchtbare und sinnlose Dinge. Wir tun Dinge, die wir nicht tun würden, wenn wir ein Gespür dafür hätten, wie wertvoll und vergänglich unsere Lebenszeit und unsere Energie ist.

Es ist das Wissen darum, welches uns schärfer werden lässt und unsere Energie beim Üben fokussiert. In den späteren Sutren lehrte der Buddha seine Schüler sehr genau, dass wir uns des Wunsches nach Schlaf bewusst sein und uns davon abhalten sollten, darin zu schwelgen und uns davon berauschen zu lassen, weil die Versuchung zu schlafen eine tiefe und wahre Gefahr für diejenigen ist, die zu erwachen versuchen. Das ist eine starke Mahnung Buddhas an die Übenden. Wir kennen auch die Geschichte des Mannes, der einen scharfen Dolch über sein Bein hielt, damit die Berührung der Klinge ihn aufweckte, falls er beim Sitzen einschliefe. Das geschah dank der Weisheit und Strenge seines Lehrers, doch auch Buddha war in dieser Hinsicht sehr streng.

Die Frage, wie lange wir schlafen sollten, ist schwer zu beantworten. Für jede Person ist die Antwort anders. Für die gleiche Person ist sie verschieden zu unterschiedlichen Zeiten der Übung. Für Menschen, die eine bestimmte körperliche Beschaffenheit haben, ist es anders. Doch am meisten beeinflusst wird dies durch *Samadhi* [nicht-dualistischer Bewusstseinszustand]. Auch wenn man im normalen Leben eine bestimmte Anzahl von Stunden Schlaf braucht, kann bei einem Sesshin die Länge des *Samadhi* oder die Tiefe des Sitzens beeinflussen, wieviel Schlaf der Körper benötigt. Wenn man tief sitzt, dann kann man auch tief schlafen. Normalerweise benötigt man fünf oder sechs Stunden Schlaf, doch man braucht nur noch drei oder nur zwei Stunden, wenn man lange tief sitzt. Somit wird sich während des Sesshin entsprechend des Sitzens ändern, wieviel Schlaf man benötigt. Die Schlafenszeit außerhalb des Sesshin wird anders sein, da man nicht so viel Zeit beim Erleben des tiefen Geistes verweilt.

Es gibt einen Grund, warum ein Sesshin nur eine Woche dauert. Es ist schwer für Menschen, einen intensiven, konzentrierten Fokus länger als sieben Tage zu halten, aus körperlichen Gründen und aus Gründen, die mit dem Schlaf zu tun haben. Es ist notwendig, dass man die Konzentration eine Woche lang durchhält, doch danach ist es meist unmöglich, die gleiche Intensität der Energie weiterzuführen. Der Buddha verglich dies mit der Saite einer Harfe. Er sagte, dass sie nicht zu fest gezogen sein dürfe, sonst würde sie reißen; wenn sie jedoch zu locker sei, dann erhielte man nicht den richtigen Ton. Genauso ist es mit dem Schlaf. Wenn man zuwenig schläft, dann ist man leicht irritiert und die Konzentration ist zerstreut; wenn man zuviel schläft, dann wird man unklar und benebelt, man ist unkonzentriert und kann keinen klaren Fokus halten. Demnach ist sowohl zuviel wie auch zuwenig ein Problem.

Wir alle müssen durch unsere eigene Erfahrung lernen, wie viel Schlaf wir brauchen, doch müssen wir uns auch bewusst sein, wie wichtig es ist, sich nicht auf den Wunsch nach Schlaf einzulassen. Es ist eine Frage der Selbsterkenntnis.

Die Verantwortung, während des Sesshin wach zu bleiben, liegt nicht nur bei jedem selbst, sondern auch bei der ganzen Sangha. Während der Zeit, in der alle im *Zendo* sitzen, unterstützen wir uns gegenseitig, wach zu bleiben, und auch der Lehrer hilft dabei mit, dass der Schüler wach und interessiert und bewusst beim Üben ist. In diesem Sinne wird die Schläfrigkeit mit allen dreien zusammen bearbeitet – der Sangha, dem Schüler und dem Lehrer. Es geht nicht darum, dass man eine bestimmte Anzahl von Stunden braucht, sondern dass man lernt, die richtige Anzahl von Stunden zu schlafen, damit das bestmögliche Sitzen hervorkommen kann – nicht zu viel und nicht zu wenig. Man muss wissen, dass man zu einem anderen Zeitpunkt eine andere Menge Schlaf benötigt.

Frage: Ich verstehe den Rat, alles beiseite zu legen und nur nach innen zu schauen. Doch wie vergisst man das Äußere, wenn man in der Welt lebt?

Antwort: Ich weiß, wie schwer es ist, die äußeren Dinge einen ganzen Tag lang beiseite zu legen, und eine gewisse Zeit nur nach innen zu schauen. Doch versuche, eine bestimmte Zeit während des Tages dafür beiseite zu legen, nur nach innen zu schauen. Es muss nicht lange sein, auch nicht einen ganzen Tag dauern, doch versuche es jeden Tag wenigstens für ein Weilchen. Die beiden Zeiten am Tag, die von der Umgebung und von der inneren Uhr her am besten sind, liegen direkt nach dem Morgengrauen und direkt vor der Abenddämmerung. Obwohl unser tägliches Leben geschäftig sein mag, zwei Mal am Tag gibt es diese guten Zeiten zum Sitzen. Unser Geist ist am Morgen am Reinsten, wenn die Umgebung aus der Dunkelheit heraus auftaucht. Wir können diese Gelegenheit zum Sitzen nutzen. Auch zur Dämmerung, wenn die Sonne eine schöne Landschaft zeigt, können wir sitzen, da das Licht verschwindet und die Formen unklarer werden. Statt an das zu denken, was wir morgen tun müssen oder was heute geschehen ist, können wir diese Zeit nutzen, um im Moment der einbrechenden Dämmerung zu verweilen.

Frage: Während des Sesshin haben wir das Gefühl, dass wir keine Lücken haben. Wie lässt sich das ins tägliche Leben übertragen?

Antwort: Natürlich ist es schwer, außerhalb des Sesshin diesen Geist ohne Lücken fortzuführen, deswegen haben wir das Sesshin. Wenn wir es leicht tun könnten, dann bräuchten wir kein Sesshin. Ohne die hervorragenden Umstände des Sesshin fortzufahren, das ist die Übung im täglichen Leben. Um diesen Geist so weit wie möglich ins tägliche Leben zu bringen, um ihn weiterzuführen und im täglichen Leben zu bewahren, schlage ich das tägliche Üben des Zazen vor. Wenn man es nicht schafft, am Morgen etwas früher aufzustehen oder sich am Abend dafür Zeit zu nehmen, sollte man an irgendeinem anderen Punkt eines jeden Tages sich die Zeit nehmen, um sich wieder auszurichten und zu dieser Ebene des Geistes zurückzukehren. Wenn man das tut, kann man besser verstehen, womit man arbeitet, und man kann leichter zum lückenlosen Geist zurückkehren, ihn erfrischen und mit ihm zum Leben zurückfinden. Man sollte dies jeden Tag tun. Natürlich kann man es nicht so wie während des Sesshin machen, doch so weit wie möglich führe man diese Ebene des Geistes weiter durch sein tägliches Leben.

Eine Betrachtungsweise für diejenigen, die in der Übung stehen, ist, dass das Leben von einem *Sanzen* zum nächsten fortschreitet. Mehr ist es nicht. Wenn alles, was existiert, nur das nächste *Sanzen* ist, wie kann man dann vor dem nächsten *Sanzen* eine Lösung in die große Sache bringen? Wenn es für dich nur dies gibt, dann löst dies auch das Problem. Menschen können nicht von Ideen und Theorien über etwas leben. Wenn wir die Realität nicht direkt vor uns haben, die uns zum Handeln aufruft, die es real und dringend werden lässt, dann geben wir nicht alles hinein, was wir sind. Deswegen haben wir *Sanzen*. Weil wir diese Dringlichkeit kennen, weil wir unsere Substanz haben, die uns dorthin drückt, wo unser Üben weiterführt, deswegen üben wir unser Zazen in der Nacht. Selbst während des Tages, wenn uns viele Dinge abzulenken scheinen und uns beschäftigt halten, werden wir dran bleiben, weil wir wissen, dass wir ein *Sanzen* nach der Arbeit des Tages haben werden.

Frage: Was ist das Üben mit Koan?

Antwort: Koan sind nur wichtig, wenn sie notwendig sind. Wenn jemand sich schon auf einer recht hohen Ebene des Geistes befindet und noch weiter gehen sollte, eine Essenz jenseits des bisher Erlebten erfahren sollte, dann benötigt man einen Trick, der dabei hilft. Dafür sind Koan da – um mit ihnen durch das Wirrwarr des Geistes schneiden zu können, das sonst nicht zu durchtrennen wäre. Die Energie der Koan ermöglicht es. Weil Koan Fragen und Herausforderungen sind, die von Menschen kommen, die vollkommen spirituell gestorben sind, können wir ihren Inhalt nutzen, der von dem Ort kommt, wo die Person ganz gestorben ist, als ob man noch tiefer und weiter in die Weisheit geht. Die Koan erlauben uns jenseits unseres kleinen Selbst-Bewusstseins zu gelangen, zu dem, was die Person in der im Koan beschriebenen Erfahrung hat tun können. Da diese Fragen, diese Herausforderungen von dieser Ebene des Geistes kommen, helfen sie uns dabei, auch diesen Geist erleben zu können.

Wir alle kennen viele Gedanken, mit denen wir uns ständig im täglichen Leben beschäftigen, Gedanken, die sich auf die Vergangenheit beziehen zum Beispiel; wir denken über alles nach, was wir tun, so oder so. Nur einmal müssen wir durch alles schneiden, einmal müssen wir jenseits unsere normale Funktionsweise gehen. Um dabei ein Werkzeug zu haben, benutzen wir diese Koan derjenigen Menschen, die den Ort erlebt haben, wo alles losgelassen wurde. Wenn eine gewisse Ebene des Geistes erreicht wurde, dann wollen wir noch weiter und noch tiefer gehen, deswegen sind Koan so wichtig.

Frage: Dass der Geist sich öffnen kann, hängt das mit einem Reifungsprozess zusammen? Passiert es, weil unser Zazen reifer ist, oder ist eine Öffnung möglich ohne jegliche Reifung?

Antwort: Es ist ganz klar, dass eine Öffnung nichts mit der Reifung des Zazen zu tun hat. Die Öffnung unseres Geistes hängt damit zusammen, dass wir eine Sache tun, ohne uns davon ablenken zu lassen. Nur eine Sache gestalten, ohne sich ablenken zu lassen und ohne zur Seite zu schauen – das ist es, was wichtig ist. Selbst wenn unser Zazen reifer wird, wird uns dies nicht zu einer weiten Öffnung führen, wenn wir dabei abgelenkt sind und viele andere Dinge nebenher tun. Wenn wir uns auf der Ebene des Geistes befinden, wo wir nichts unnötige Aufmerksamkeit schenken, dann werden unsere Verhaftungen an die Dinge immer lockerer. Wenn wir nur konzentriert bei unserem Tun sind, dann werden all die anderen Dinge, die wir sonst auch beachten, immer weniger, wir werden immer weniger anhaften. Wenn dies geschieht, können wir uns noch tiefer konzentrieren. Deswegen ist es wichtig, dies tun zu können und sich bei dieser einen wichtigen Sache nicht ablenken zu lassen. Nur in Zazen zu reifen, das ist nicht der Punkt. Es geht darum, sich nicht ablenken zu lassen und es vertiefen zu können – in den gesammelten, aufmerksamen Fokus.

Frage: Für uns, die wir versuchen, das Dharma zu üben, was ist da das wichtigste, was wir uns immer vor Augen halten sollten?

Antwort: Vollkommen hier, vollkommen jetzt.

Hakuins *Lied über Zazen*

Alle Lebewesen sind der Natur nach Buddha,
wie Eis und Wasser.
Getrennt vom Wasser gibt es kein Eis,
getrennt von allen Lebewesen gibt es keine Buddhas.
Nicht wissend, wie nahe die Wahrheit ist,
suchen wir sie in der Ferne – wie traurig!
Wie einer, der mitten im Wasser
verzweifelt vor Durst aufschreit,
wie der Sohn eines wohlhabenden Mannes,
der unter den Armen umherirrt.
Der Grund, warum wir durch die sechs Welten ziehen, ist,
dass wir in der Dunkelheit der Unwissenheit verloren sind.
Immer weiter und weiter in die Dunkelheit gehend,
wie können wir da je frei sein von Geburt und Tod?
Die Mahayana-Übung des Zazen –
keine Worte können sie genügend loben.
Die sechs Paramitas wie Wohltätigkeit,
das Einhalten der Gebote und andere gute Taten
wie das Anrufen des Namen Buddhas,
Reue und spirituelles Üben –
alle vereinen sich im Üben des Zazen.
Selbst wer nur einmal Zazen geübt hat,
löscht all sein Karma aus.
Nirgends werden mehr dunkle Pfade sein,
und das Reine Land ist dann nicht fern.
Wenn wir nur ein einziges Mal
mit offenem Herzen diese Wahrheit hören,
sie loben und dankbar annehmen, und noch mehr,
wenn wir in uns reflektieren und die Selbst-Natur erleben
und die Selbst-Natur als Nicht-Natur aufzeigen,
gehen wir weit über jegliche Lehren hinaus.
Das Tor der Einheit von Ursache und Wirkung öffnet sich.
Der Weg, der weder zwei noch drei ist, führt geradeaus.
Die Form der Nicht-Form als Form erlebend –
ob wir kommen oder gehen,
wir können nirgendwo anders sein.
Den Gedanken des Nicht-Gedankens als Gedanke erlebend –
ob wir singen oder tanzen,
wir sind die Stimme des Dharma.

Wie grenzenlos frei ist der Himmel des Samadhi.
Wie hell und klar das perfekte Mondlicht
der vierfachen Weisheit.
Fehlt uns noch etwas in diesem Augenblick,
da die endlose Stille der Wahrheit sich vor uns ausbreitet?
Dieser Ort ist das Land des Lotus,
dieser Körper ist der Körper Buddhas.

Für diejenigen, die Zazen üben, ist dieses Lied von großer Wichtigkeit. Es ist ein hervorragender Wegweiser für das Verstehen der wahren Essenz des Zazen. Wenn wir das heutige Rinzai-Zen in Japan betrachten, könnte man es ohne zu übertreiben „Hakuin-Zen" nennen. So wichtig ist Hakuin. Heutzutage sind alle Rinzai-Zen Meister Nachfolger in seiner Linie. Alle verschiedenen Linien aus der Zeit der Kamakura- und der Motomachi-Ära kommen zusammen in der Linie von Hakuin Zenji.

Hakuin wurde in vielen Texten kritisiert, dennoch ist sein Einfluss auf Zen noch heutzutage lebendig. Der Einfluss ist so groß, dass ein alter Weiser sagte: „Es gibt zwei Dinge in Suruga, die alles übertreffen: der große Berg Fuji und Hakuin aus der Stadt Hara." So dachte man über Hakuin, selbst als er noch lebte – er war bekannt, beliebt und respektiert.

Die Gegend, welche Suruga hieß, ist heutzutage Shizuoka, wo der Berg Fuji liegt. Die Leute von Shizuoka sind sehr stolz auf den heiligen Berg Fuji in ihrer Präfektur. Im spirituellen Sinne findet man diesen Berg in Hakuin aus Hara verkörpert. In Hara lag Hakuins Tempel Shoinji.

Wir haben die Notizen von Torei Zenji, einem der Hauptschüler Hakuins. Als Hakuin 42 Jahre alt war, begann eine neue Ära, so dass die Notizen sich in zwei Arten teilen, in die vor und die nach seinem 42. Lebensjahr entstandenen. Bis zu diesem Alter stärkte er sein Gelübde und übte mit einer intensiven Überzeugung. Der erste Teil der Notizen beinhaltet die Zeit bis zum Ende seines Übens. Im zweiten Teil der Notizen wird sein Leben bis zu seinem Tod im Alter von 84 Jahren beschrieben; in dieser Zeit ging er viele karmische Verbindungen mit zahlreichen Menschen ein.

Bevor wir mit der Besprechung des *Liedes über Zazen* beginnen, möchte ich von Hakuins Leben erzählen. Hakuin Zenji wurde 1685 in der Präfektur Shizuoka in Numazu bei Hara geboren, am Fuße des Berges Fuji. Als er vier Jahre alt war, zeigte er Züge von großer Brillanz und Besonderheit. Als er sieben Jahre alt war, hörte er in einem Tempel eine Lehrrede über das *Lotus-Sutra* und lernte das ganze Sutra auswendig. Als er elf Jahre alt war, ging er mit seiner Mutter zu einem Vortrag in einen Tempel, wo er zum ersten Mal von den Qualen in der Hölle hörte; er war zutiefst verängstigt. Er zitterte und war nervöser und sensibler als alle anderen Kinder.

Er weinte und hielt sich bei seiner Mutter fest, während er schrie: „Die Hölle ist so furchtbar! Selbst wenn du in der Nähe bist, fürchte ich die Hölle! Bitte hilf mir, damit ich nicht in die Hölle falle!“ Er war ein sehr sensibles Kind. Als er zwölf Jahre alt war, hörte er einen Mönch die folgenden Worte sagen: „Selbst inmitten des Feuers brennt es nicht, selbst inmitten von Wasser geht es nicht unter.“ Als er dies hörte, schwor er, diesen Geisteszustand zu realisieren. Er nahm die Feuerzange und machte sie glühend rot. Damit verbrannte er seinen Oberschenkel. So aufrichtig war er.

Jemand sagte, dass Hakuin während seines Lebens mit einem Auge immer zur Hölle schaute. In jungen Jahren trug er diese Furcht vor der Hölle in sich, ein Zeichen dafür war sein brennender Wunsch, Mönch zu werden. Er stellte sich gegen die Abneigung der Eltern und wurde schließlich mit ihrer Zustimmung im Alter von 15 Jahren in Shoinji in Hara vom Priester Tanrei ordiniert, der ihn dann auch weiterhin unterstützte. Ihm wurde der Mönchsname Egaku gegeben. Als Hakuin 17 Jahre alt war, starb dieser Priester, mit 19 Jahren begann Hakuin das strenge Üben. Als er jedoch eines Tages die Sammlung *Kosoden* von alten chinesischen Meistern las, entdeckte er die Geschichte von Ganto Zenkatsu, einem Mönch, der von Dieben getötet worden war, indem sie seinen Kopf abgeschnitten hatten. Hakuin war schockiert. Er war überzeugt gewesen, dass eine Person, die Zazen übte, genügend Kraft haben würde, schlechte Menschen in gute zu verwandeln. Als er über das Ende der Geschichte nachdachte, kam er zu dem Schluss, dass das Üben nicht viel Sinn habe. Genauso groß wie seine Hoffnung und Erwartung gewesen war, genauso groß war jetzt seine Enttäuschung. „Es waren alles nur übertriebene Geschichten der alten Meister, nicht viel mehr – ohne wahre Essenz.“ Mit dieser Einstellung verlor er jeglichen Antrieb für seine Übung. Er hatte keinen Ansporn mehr und litt darunter. Er hörte viele Monate auf, Zazen zu üben und zu studieren. Er schrieb Gedichte und las Bücher, tat, was immer ihm in den Sinn kam.

Doch war er innerlich noch nicht ruhig. Sein Geist hatte noch keine Antwort gefunden. Eines Tages legten sie die alten Bücher in die Sonne, damit dadurch alle kleinen Insekten vertrieben würden, die die Bücher zerstören könnten. Da gelobte er, seine Zukunft in die Hände Gottes zu legen und zu tun, was dieser ihn heiße. „Sage mir, in welche Richtung ich gehen soll! Bitte, ich verspreche, dass ich alles tun werde, egal, was du mir befiehlst!" An dem Tag, da alle Bücher im Sonnenschein gelüftet wurden, machte er diesen Schwur. Er nahm ein Buch in die Hand. Das zufällig hochgenommene Buch war von Jimyo Insui. Vor langer Zeit beschrieb Jimyo seinen Gang zu Funyo Zenji Zenshos Ort. Funyo Zenji war ein sehr strenger und besonderer Lehrer, der nie einen Schüler annahm. Denn falls man nur ein ganz klein wenig einschlief, wurde man sofort geschlagen und hinausgeworfen. So blieb kaum ein Schüler lange bei Funyo Zenji. Als Jimyo voller Energie Zazen übte, nahm er einen Dolch und hielt ihn über sein Bein, damit er nicht einschliefe. Jimyo arbeitete intensiv und kreativ an seinem Zazen. Die alten Weisen sagten: „Große Anstrengungen bringen ohne Zweifel große Ergebnisse hervor." Jimyo hatte den Gedanken: Ohne Grund und ohne Ergebnisse in dieser Welt zu leben – wenn es wahrlich so ist, warum werden wir dann überhaupt geboren? Mit dieser intensiven Frage trieb er sich in seinem Zazen an und wurde endlich von Funyo Zenji als Schüler angenommen und später sogar zu dessen Nachfolger.

Als Hakuin dies las, wurde ihm klar, dass seine Bemühungen nicht ausreichend waren, wenn man die großen Anstrengungen der alten Meister betrachtete, und er verbesserte seine Denkweise. Er sagte immer wieder zu sich selbst: *„Große Anstrengungen bringen eine große Realisation."* Immer und immer wieder stärkte er damit seinen Mut und ging erneuert ins Üben hinein.

Als er zwanzig Jahre alt war und beschlossen hatte, wie er den Rest seines Lebens verbringen würde, ging Hakuin von Westen nach Osten und suchte Lehrer und Orte auf, wo er üben konnte. In einem Tempel in der Gegend von Banshu schrieb er folgendes Gedicht:

Das ständig fließende Wasser
zeigt ewig die Lehre Buddhas.
Wenn du genauso übst
wie diese Flüsse fließen,
dann dauert es nicht mehr lange,
bis du Kensho *verwirklichst.*

Er übte Zazen in einem Bergtempel. Von dort konnte er das Fließen des Wassers direkt unter ihm hören. Die ganze Nacht über dauerte das Fließen an. Beim Hören dieses Geräusches wurde ihm bewusst: Wenn wir – wie das Wasser – in unserem Geist nie anhalten würden, dann wäre unsere Erleuchtung auf jeden Fall möglich. Wir würden zu unserem wahren Geist erwachen. Dann fuhr Hakuin mit Üben fort, ohne Bücher und Pinsel, ohne Kalligraphien oder Bilder oder Stein für die Tinte – ohne all dies. So ging er weiter auf dem Weg, wie Feuer brannte er vor Eifer. Im Frühjahr seines vierundzwanzigsten Lebensjahres kam er in den Tempel Eiganji in Takata in der Gegend von Echigo. Zu diesem Zeitpunkt war seine Übung weit fortgeschritten und gereift bis hin zu einer Stufe, wo es kein Innen und kein Außen gibt – er konnte nicht mehr unterscheiden zwischen sich und *Mu*. Er war wirklich still und klar. Es ist der Geisteszustand einer stummen Person, die einen Traum gesehen hat und ihn nicht mitteilen kann. Sitzen, ohne zu wissen, dass man sitzt; stehen, ohne zu wissen, dass man steht; sprechen, ohne zu wissen, dass man spricht – die Welt ist eine einzige Schicht des *Mu,* alle und alles sind von dieser einen Schicht eingeschlossen. Es war der Moment, bevor der eigene gereinigte Geist durch alle Himmel und Erden sich ausweitete. „Die alten Weisen sagten, dass Anstrengungen auf jeden Fall großes Licht hervorbringen!“ Er legte einen tiefen Schwur ab am Grab des *Daimyo*. Er hatte beschlossen, solange nicht aufzustehen, bis er erleuchtet wäre. Er übte mit seiner großen Entschlossenheit und trat in tiefes *Samadhi*.

Es war bei Anbruch des letzten Sesshin-Tages. Von weit entfernt hörte er den schwachen Klang einer Glocke durchdringen und wurde von großem Erstaunen erfüllt. Mit jeder Bewegung seiner Hände und Füße spürte er eine große Freude. „Ganto ist nie gestorben! Er ist hier, er ist hier! Lebendig, so wie ich!“, rief er aus.

So kam es, dass all seine Anstrengungen und Bemühungen schließlich Früchte trugen. Er erkannte das, was er so lange schon erkennen wollte. Er war überzeugt, dass es niemanden in den vergangenen drei Jahrhunderten gegeben hatte, der eine so tiefe Erleuchtung erlebt hatte. Hakuin Egaku Joza war erfüllt von seinem Erlebnis und voller Erstaunen und Freude. Er sah die leidenden Menschen und war zu Tränen gerührt, dass es das Dharma Buddhas auf der Welt gab. Er war tief bewegt. Der Priester Shotetsu des Tempels Eiganji konnte nichts mit ihm anfangen. Hakuin war hochnäsig und von sich selbst vollkommen eingenommen.

Wenn Hakuin da stehen geblieben wäre, dann wäre er nie so berühmt geworden, wie er heute ist. Das Handeln auf einer breiten Grundlage wäre nicht möglich gewesen. Die Personen, die ihm dabei halfen, waren Shoju Ronin, Dokyo Etan Zenji und Doyu Sokaku Joza, der Hakuin zu Dokyo Etan Zenji schickte. Sofort fragte der ihn: „Wie hast du *Mu* gesehen?“ – „*Mu* – es gibt keine Stelle, wo man anfassen kann.“ Der Roshi griff nach Hakuins Nase, drehte sie um und sagte: „Du sagtest, es kann nicht angefasst werden, doch schau, wie sehr man danach greifen kann!“ Hakuin verstand, dass er zu eingebildet gewesen war, und diese Gefühle verschwanden sofort. Er wurde vor Shoju Ronin wie ein Baby. Als nächstes fragte Shoju Ronin ihn, wie er dieses Koan gesehen habe: „Wo ging Nansen hin, als er starb? Wie steht es damit, wo ging er hin?“

Shoju Ronin war ein außergewöhnlicher und eigentümlicher Mensch. Egal, was Hakuin Egaku ihm als Antwort auch darbrachte, nichts wurde von ihm akzeptiert. Einmal griff er nach Hakuin, schlug ihn und wollte ihn von der Veranda werfen. So stark und energievoll war er bei seinen Unterweisungen. „Du dummer Priester! Du steckst in einem dunklen Loch und bist auch noch blind!“ Hakuin hatte den Geist des großen Todes erlebt, doch konnte er nicht frei handeln und ihn zum Ausdruck bringen. Er war engstirnig und stecken geblieben. Dieses wiedergeborene Bewusstsein und Wesen – er machte sich Sorgen darum. Wenn er Shoju Ronin traf, nannte der ihn immer: „Der Engaku, der in einem dunklen Loch gefangen ist“. Es steht geschrieben, dass Shoju Ronin ihn schlug und herumstieß.

Hakuin blieb acht Monate bei Shoju Ronin. Eines Tages ging Hakuin auf *Takuhatsu* in die Stadt Iiyama. Er arbeitete immer noch an dem Koan: Wo ging Nansen hin, als er starb? Er stand vor einem Haus in tiefem *Samadhi*; eine ältere Dame kam aus dem Haus und sagte zu ihm, dass er auf die andere Straßenseite gehen solle. Weil Hakuin so tief im *Samadhi* war, konnte er ihre Worte nicht hören. Die ältere Dame wurde sehr ärgerlich: „Wenn du nicht sofort auf die andere Straßenseite gehst, dann schlage ich dich mit meinem Besen!“

Sie fing an, ihn zu schlagen, und plötzlich erlebte er die wahre Lebensquelle – er berührte die direkte Wahrheit. Koan, die er bisher nicht sehen konnte, durchschritt er jetzt, eines nach dem anderen. Er sah sie ganz klar in einem Augenblick. Er war erfüllt von Freude und kehrte zurück zu Shoju Ronin, der ihn anblickte und sein Erlebnis vollkommen bestätigte. Zu jener Zeit war Hakuin lediglich acht Monate bei Shoju Ronin gewesen.

Shoju Ronin bestätigte sein Erlebnis, doch bestätigte er nicht sein Verstehen. Hakuin verließ Shoju Ronin und kehrte zu seinem Lehrer zurück, der krank geworden war. Er kümmerte sich um ihn, während er mit seinem eigenen Üben fortfuhr. Doch sein Körper war so erschöpft von all den großen Anstrengungen, die er gemacht hatte, dass er schließlich an Tuberkulose erkrankte und manchmal tagelang depressiv war. Da ging er nach Kyoto und lernte von dem Einsiedler Hakuyu das Üben des *Naikan*. Als er 28 Jahre alt war, begab er sich auf Pilgerreise zu den großen Meistern in den Gegenden von Fukui, Aichi und Mino. Er suchte überall die großen Meister auf und übte weiter mit ihnen, stets in tiefes *Samadhi* eintauchend. Als er 32 Jahre alt war, kehrte er endlich zu seinem eigenen Tempel Shoinji zurück. Die nächsten zehn Jahre arbeitete er ein wenig in der Gemeinschaft mit und brachte seine Erlebnisse in Dharma-Reden zum Ausdruck.

Als er 42 Jahre alt war, nahm er nach langer, langer Zeit wieder einmal das *Lotus-Sutra* in die Hand. Als er das Kapitel der Beispiele las, hörte er zufällig das Geräusch einer schwach singenden Zikade unter der Veranda und wurde plötzlich der tiefen Wahrheit des *Lotus-Sutras* gewahr. Als er sechzehn Jahre alt gewesen war, hatte er dieses Sutra weggeschmissen, es als kleinkariert abgetan; nun endlich konnte er die Wahrheit in den Worten klar realisieren. In sein Tagebuch schrieb er, wie er, ohne zu denken, einen Schrei der Freude und des Erstaunens ausgestoßen hatte. Er war tief gerührt. Bisher war er überzeugt gewesen, dass es ein oberflächliches Werk war, und so hatte er es auch gelehrt. Ihm wurde klar, dass er sich aus tiefstem Herzen entschuldigen musste. Zu diesem Zeitpunkt verstand er auch zum ersten Mal, was für einen großen Geist Shoju Ronin in seinem täglichen Leben zum Ausdruck brachte. Shakyamuni Sesson hatte die Leute doch nicht nur hingehalten! Auch dies verstand er: Im Buddhismus gibt es nur einen einzigen, geradeaus verlaufenden Weg. Diese grundlegende Wahrheit des Mahayana verstand er jetzt. Nun konnte er frei das Dharma Buddhas leben. Wie Buddha sagte: „Überall auf dieser Welt ist mein Zuhause, und alle Menschen sind meine Kinder!" Diese große Barmherzigkeit spürte er, dass nämlich alle Wesen von Anbeginn Buddhas sind und dass diese Buddhas auf der Welt sind, um andere Wesen ebenso zur Erleuchtung zu bringen – um deren Auge der Weisheit zu öffnen und zu erleuchten. Die beispielhaften Geschichten im *Lotus-Sutra* zeigen genau dies auf: Wie eine Mutter sich bemüht, damit das Kind verstehen möge. Das Essen für das Kind vorzukauen – dieser barmherzige Geist kommt hier zum Ausdruck. Bis dahin hatte er diesen Aspekt nicht verstanden: Den großen Entschluss Buddhas, alle Lebewesen zu befreien, keine einzige Person zu vergessen. Diese Weite und Größe des alles umschließenden Geistes konnte er ganz direkt spüren, und die Tränen strömten aus ihm heraus im tiefen und intensiven Gefühl der Dankbarkeit. Zu Anfang hatte er diese Worte gehört: Im Feuer nicht brennen und im Wasser nicht ertrinken. Verträumt nach Wundern suchend, hatte er sich ordinieren lassen. Jetzt konnte er es jedoch direkt selbst erfahren. Jetzt spürte er die alles umfassende Barmherzigkeit Buddhas als seine eigene Lebensenergie. Im *Lotus-Sutra* steht geschrieben: *„Ich habe nichts gegen dich. Du bist jemand, der ein Buddha werden wird.“* Jofukyo Bodhisattva verbeugte sich mit diesen Worten vor alten und jungen Leuten, vor Kindern, vor reichen und armen Leuten. In dieser Lehre wird der Geist Shakyamuni Sessons gelebt. Diejenigen, die Zazen üben, können mit dieser Einstellung die eigene Schwere von sich werfen. Um diesen Geist realisieren zu können, lassen wir von all unseren Schichten los und wenden uns zur Essenz hin. Das können wir in unserem Zazen lernen. Damit alle Lebewesen frei sein können, müssen wir zu dieser Tatsache erwachen.

Von diesem Zeitpunkt an arbeitete Hakuin Zenji mit großer Intensität. In seinen 60er und 70er Jahren ruhte er nie und verschwendete keinen einzigen Moment. Wo immer er eingeladen wurde, hielt er Dharma-Reden. Er malte Bilder und Kalligraphien mit einfachen Texten, er arbeitete in allen Bereichen dynamisch. Als er 79 Jahre alt war, wurde er ein wenig krank, doch ruhte er sich nie aus. Als er 84 Jahre alt war, im Jahr 1768, sagte er zu Neujahr: „Ich bin dieses Jahr 84 Jahre, ein alter Mönch, doch hatte ich nie ein so wunderbares Neujahr. Das ist Torei zu verdanken, ich spüre große Dankbarkeit.“

In diesem Jahr 1768 wurde er krank und ein Arzt besuchte ihn. Der Doktor fühlte seinen Puls und sagte, dass alles in Ordnung sei. Hakuin sagte zu ihm: „ Wenn du noch nicht einmal feststellen kannst, dass jemand in drei Tagen stirbt, bist du wahrlich eine blinde Gestalt!“

Am zehnten Dezember rief er seinen Schüler Suio zu sich und erklärte, wie der die Dinge von da an gestalten solle. Am Morgen des elften Dezembers machte er, ruhig auf der Seite liegend, ein paar tiefe Atemzüge und starb. Sechs Jahre nach seinem Tod wurde ihm der Name Jinki Zumyo Zenji und noch ein wenig später auch der Name Shoju Kokushi gegeben.

Jetzt werden wir das Lied von Hakuin Zenji über Zazen lesen. Zuerst sagte Hakuin Zenji, dass alle Lebewesen in ihrer Essenz Buddhas seien. In den Religionen wird das Ewige, Perfekte und Reine, das absolute Gute gesucht. Anders ausgedrückt wird Buddha und Gott gesucht. Ist dieser Gott oder Buddha in uns oder außerhalb von uns? Diese Frage erfährt die verschiedensten Antworten, von den unterschiedlichsten Sichtweisen der einzelnen Religionen abhängig. Alle Religionen suchen das Reine und Perfekte. Da gibt es keine Unterschiede. Deswegen brauchen wir die Religion, weil wir selbst nicht perfekt und rein sind und unser Leben nicht ewig ist, weil wir unvollständig sind. Wir suchen etwas Vollkommenes in Gott und Buddha, um unser eigenes kleines Selbst zu vervollkommnen.

In der Geschichte Buddhas steht geschrieben, dass er nach seiner Geburt siebeneinhalb Schritte lief. Er zeigte mit seiner rechten Hand gen Himmel und mit seiner linken Hand auf die Erde und sagte: „In allen Himmeln und auf Erden gibt es nur einen einzigen Heiligen!“

Das ist vielleicht eine Legende, doch diese Legende bringt den Kern der Lehre Buddhas zum Ausdruck. Buddha stand sofort auf und lief ein paar Schritte. Das besagt, dass unser eigener Geist der Ort der Zuflucht ist. Die wahre Freiheit und die Rechte der Menschen kommen hier zum Ausdruck. Es gibt nichts, was diese Freiheit und diese Rechte von uns nehmen kann. Wenn wir zu unserem wahren Geist zurückkehren, werden wir uns immer dieser tiefen Bedeutung und des absoluten Stolzes des Geistes bewusst. In jedem Menschen finden wir diesen wahren Geist. In den alten Texten des Buddhismus wird dies klar gesagt: „Alle Menschen haben einen großen und freien Geist. Weisheit und tiefes Mitgefühl ist in allen von uns, diese Freiheit kann uns nicht genommen werden“. Wenn wir es so sehen, dann verstehen wir, wie die Geburt Buddhas dies symbolisch ausdrückt.

Buddha war ein Prinz des Landes Kabira. Er war in den verschiedensten philosophischen Schulen seiner Zeit in Indien geschult. In den Kampfkünsten besiegte er jeden Gegner. Er besaß einen Sommer- und einen Winterpalast, einen Herbst- und einen Frühjahrspalast. Er war reich und vermisste nichts in seinem angenehmen Leben. Warum verließ er dann seine schöne Frau und sein liebes Kind? Er verließ all sein Eigentum, seine politische Position und seine Landsmänner. Warum ging er in die Berge?

Materielle und körperliche Freuden hatten keine Bedeutung mehr für ihn. Er sah, wie sinnlos sie sind und wie man sie nie vollkommen befriedigen kann. Er hatte diesen melancholischen Geisteszustand tief erlebt. Er ging in die Berge, um die wahre Freude kennen zu lernen, das ewige Leben und die Bedeutung davon. Er musste diese Dinge wissen und suchte sie, um seinen unvollkommenen bisherigen Weg zu einer Verwirklichung zu führen. Irgendjemand musste es tun, oder es gäbe nie eine Antwort. Dies war das größte Problem der Menschen, das er zu lösen beschloss.

Er übte sechs Jahre lang Askese. Als er 35 Jahre alt war, am achten Dezember, erwachte er plötzlich in der Nähe des Flusses Nirenzen bei Bodhgaya zur Höchsten Wahrheit, als er den Morgenstern sah. Zu jenem Zeitpunkt sagte er, ohne an irgendetwas zu denken: „Wie wunderbar! Wie wunderbar! Alle Menschen haben ohne Ausnahme diesen klaren Geist, welchen ich gerade erlebt habe!“ Dies zeigt, dass in dem Geist eines jeden Menschen dieser klare, reine und ewige Ort ist. Er erwachte zu diesem wahren Ort. Er liegt nicht außerhalb unserer selbst. Das ist die erste Aussage der Befreiung der Menschen.

Hakuin Zenji erzählte uns von der Weisheit, der barmherzigen Weisheit, die wir alle von Anbeginn an in uns tragen. Diese Resolution kommt in der ersten Zeile zum Ausdruck: Alle Lebewesen sind in ihrer Essenz Buddhas. Mit dieser Feststellung beginnt er sein Lied. Hakuin zeigt die Grundlage der Lehre Buddhas in der ersten Zeile auf. Er macht uns mit der Stimmung im Buddhismus bekannt und zeigt, wie der Buddhismus mit allen Menschen in Bezug steht. Wenn wir geboren werden, warum leiden wir, warum werden wir unklar und verworren? Es werden die verschiedensten Wege beschrieben, die uns befreien können, doch der wichtigste unter ihnen ist der Weg des Mahayana. Er beinhaltet die Lehre des *Samadhi* als unsere wichtigste Erfahrung, wir erreichen damit das Erleben des eigentlichen Geistes, bis wir dann selbst spüren: „Dieser Körper ist der Körper Buddhas“.

In der ersten Zeile heißt es, dass „alle Lebewesen Buddhas sind“, wir werden folglich sowohl mit einer dicken Ego-Schicht wie auch mit der Buddha-Natur geboren. In der nächsten Zeile beschreibt Hakuin, wie die Buddha-Natur und die egoistische Schicht ein und dasselbe sind. Das sind die unsere beiden Aspekte: „Wie Eis und Wasser: Getrennt vom Wasser gibt es kein Eis, getrennt von allen Lebewesen gibt es keine Buddhas." Hakuin spricht zuallererst über den grundlegenden Geist aller Menschen, die Erfahrung Buddhas. Er stellt das Ergebnis heraus. Es gibt auch die folgenden Worte: „Getrennt von den Wellen gibt es kein Wasser. Getrennt vom Wasser gibt es keine Wellen. Getrennt vom eigentlichen Geist gibt es keine Phänomene. Getrennt von den Phänomenen gibt es keinen eigentlichen Geist." So wird es normalerweise logisch dargestellt.

Wir alle haben von morgens bis abends die verschiedensten Gedanken, doch getrennt vom Geist der Erleuchtung gibt es nichts, auch keinen gewöhnlichen Geist. Das ist das grundlegende Erleben des Buddhismus.

Hakuin Zenji sagt, dass es getrennt vom Wasser kein Eis gibt. Diese Worte stammen ursprünglich nicht von ihm. In dem Werk *Renkichu* von Niso Eka Daishi kann man die folgenden Worte finden:

„Das Eis findet das Leben im Wasser und kehrt auch zum Wasser zurück. Wenn das Eis schmilzt, wird es wieder Wasser. Gedanken treten auf im Geist, die Gedanken beirren den Geist. Wenn das Eis schmilzt, kommt Wasser hervor. Das Eis wird aus Wasser geschaffen. Eis behindert das Wasser in seinem natürlichen Fluss. Erst wenn das Eis schmilzt, kehrt es zu der eigentlichen Fähigkeit des Fließens zurück. Unsere Beschwerden und unser Murren, unsere Ignoranz und unsere Wünsche kommen aus einem einzigen Gedankenmoment hervor, der nicht rein ist. Wenn diese auftreten, können wir den ruhigen Geist nirgendwo finden. Die Klarheit unseres Geistes ist unter dem Geist der Verworrenheit verborgen. Wir werden uns der vielen Gedanken bewusst – dann kann unser natürlicher, ruhiger Geist wieder hervortreten, der an nichts festhält. Der Ozean unseres Geistes kehrt zu unserem klaren, reinen Geist zurück. Genauso ist die Beziehung zwischen Buddha und den Menschen. Sie sind nicht getrennt. Das ist, was wir in der ersten Zeile finden, diese leicht zu verstehenden Worte: „Alle Lebewesen sind vom Ursprung her Buddhas."

Hier haben wir die Worte: „Ohne Wasser kein Eis, ohne Eis kein Wasser. Getrennt von den Lebewesen gibt es keine Buddhas." Diese Bedeutung ist ein wenig anders, zeigt einen anderen Aspekt auf. Das Eis entsteht aus dem Wasser. In einem alten Lied heißt es: „Regen, Schnee, Eis und Hagel sind nichts anderes als Wasser." Wenn sie in den Fluss fallen, werden sie eins mit dem Wasser. Wasser wird zu Regen, wird Schnee, wird Hagel, wird Eis, wird Frost. Die Form ändert sich, doch während es viele verschiedene Formen gibt, ist die Zusammensetzung die gleiche. Alle bestehen aus Wasser, sie alle haben die gleiche innere Struktur, nur die Form ist unterschiedlich. Wasser und Eis bestehen aus dem gleichen Element, doch wenn ihre Form anders ist, werden ihre Eigenschaften auch vollkommen anders. Als ob sie zwei vollkommen unterschiedliche Dinge wären, doch die Qualität ihrer Essenz ist gleich. Im gleichen Sinn sind Buddhas wie nicht erleuchtete Lebewesen; es besteht kein Unterschied, von der inneren Essenz her betrachtet.

Unser Buddha-Geist, unsere Buddha-Natur ist tiefe Barmherzigkeit, wie das warme Herz einer Mutter. Eine ignorante Person hat keine Zeit, sich um andere zu sorgen, darum, wie sie sich vielleicht fühlen mögen. Im Buddha-Geist gibt es keine Farbe, keine Form und kein Ich. Kein Bewusstsein eines getrennten Ichs zu haben, das ist die Natur des Buddha-Geistes.

Wasser fließt überall, frei fließend und eins werdend mit allem. Die Natur Buddhas kann den Schmerz einer anderen Person spüren und kann Ruhe spenden.

Jeder, der den Weg des Zazen beginnt, hat schon viel zu viel darüber gelesen. Dann versucht er, die komplizierten Erklärungen in den Büchern zu realisieren. Es ist wahrlich ein schweres Unterfangen. Für das Üben des Zazen, was sitzendenes Zen bedeutet, ist es besser, nicht so viel zu lesen und nur zu sitzen, wie das Wort schon sagt. Denn die Basis liegt darin, dass unser Körper sitzt. Wenn Menschen in vergangenen Zeiten bei ihren Überlegungen nicht weiter kamen, saßen sie Zazen. Denn dieses Erlebnis der direkten Erfahrung kann nicht durch Lernen erlangt werden. Was ist die wahre Quelle der Menschen? Der wahre Körper des Universums? Diese große, überwältigende Frage wird beim Üben des Zazen betrachtet, weil wir das nicht mit unseren Köpfen verstehen können. Was man erklären kann, das steht in den Büchern geschrieben. Dies jedoch ist ein Weg, der gegangen werden muss. Es gibt viele Bücher über Zen, doch wäre es besser, wenn wir unsere Köpfe von all dem leeren könnten. Wir müssen alles loslassen – wie viele Bücher wir schon gelesen haben, wie viel wir schon verstehen – und einfach nur sitzen.

In Zazen werden wir uns unseres Selbst bewusst. Deswegen ist es von großer Wichtigkeit, dass wir unseren Körper in die richtige Position bringen, dass wir den reinen, klaren Geist realisieren und die natürlich hervorkommende Weisheit nutzen können. Wie die Dinge sind, das können wir durch unsere Erfahrung erleben. Wir müssen alle Dinge noch einmal erneuert betrachten, alles als eins und nicht als getrennte Einzelteile ansehen. Das ist Zen. Der Körper ist immer die Grundlage.

Zuerst sitzen wir mit einem Gefühl der Leichtigkeit im oberen Körperteil und der Schwere im unteren Körperteil. Unsere Haltung bildet einen wichtigen Aspekt. Den Atem auszurichten bedeutet, dass wir nicht zu viel Kraft und auch nicht zu wenig hineintun dürfen. Der Atem muss mit einem Gefühl der Weite genutzt werden.

Als nächstes richten wir unseren Geist aus, so dass nichts mehr zurückbleibt. Im Japanischen sagt man: „den Geist leeren". Diesen Ausdruck kann man nicht leicht erklären, deswegen sagen wir: den Geist ausrichten. Dies ist ein Hauptpunkt im *Lied über Zazen,* in dem viele verschiedene Arten dieser Übung des Geistes beschrieben werden. Wenn unser Geist ausgerichtet ist, dann sollten wir nicht damit zufrieden sein. Denn es ist dieser große Geist, der alles beinhaltet, der erlebt werden muss. Deswegen müssen wir auch alle Dinge außerhalb ausrichten und klären: Unsere Schuhe, unsere Nachbarschaft, unser Land – alles muss mit kreativer und einfallsreicher Arbeit in ein harmonisches Miteinander gebracht werden. Das ist der wichtige Punkt des Zazen. Es reicht nicht, wenn wir nur mit unserem eigenen kleinen Geist zufrieden sind. Unsere Verantwortung ist größer. Wir sitzen nicht inmitten unserer Gedanken, sondern inmitten dieser großen weiten Welt. Wir werden eins mit dem Atem dieser Welt, den wir nicht in unseren Köpfen finden können und nicht in unserem Intellekt.

Die Erde, der Boden – dort fallen die geschlagenen Armeen, oder es ist ein Ort, der dreckig und schmutzig ist. Wir brauchen uns nicht darum zu kümmern, sondern wir setzen uns hin und gehen direkt zur tiefen Wurzel in unserem Selbst. Wir graben bis zur Wurzel unserer Lebensenergie. Und die Quelle bringt neue Lebensenergie hervor. Das ist Zazen.

Zazen bedeutet, vollkommen eins mit der Welt zu werden. Subjekt und Objekt werden eins. Materielle Dinge und der Geist werden eins. Wir verschmelzen mit dem gesamten Universum, wo alles geeint und perfekt ist. Dort werden Buddha, Gott und wir selbst eins. Alles, was der große Erschaffer schuf, und die große mysteriöse Weisheit Gottes werden eins. Dort haben auch Erklärungen keinen Platz mehr. Alle Ideen loszulassen und vollkommen eins zu werden mit Geist, Natur, Körper – das ist das direkte Üben des Zazen.

Ein altes Gedicht lautet:

Am eiskalten Himmel geht der Mond unter,
es ist fast Mitternacht.
Mit wem kann ich dies teilen?
Die Schatten auf dem reinen, stillen See – so kalt.

Unser Zazen wird reifer, selbst inmitten dieser beschäftigten Welt, der Welt voller Herausforderungen, können wir den Dingen ohne jegliche Angst gegenübertreten. Das ist Zazen. Es geht natürlich nicht darum, dass wir uns wie etwas Besonderes verhalten, selbst das muss fortgeworfen werden. Wenn wir nicht all das fortwerfen, können wir diesen Geist nicht erleben.

Wenn jemand darüber spricht und man es hört, kann man leicht glauben, dass man es versteht. Man kann denken, dass man nur zu sitzen braucht und dass all die Lehren der Welt unnötig sind. Wir glauben, dass es um das reine Sitzen geht und darum, an nichts zu denken. Wir denken dann, dass wir uns von der Gesellschaft abwenden und in die Berge gehen sollten. Selbst wenn wir aber nicht in die Berge gehen, sondern nur in unserem Geist an der Ruhe festhalten – solange wir nicht Sitzen üben und uns nicht wahrlich von allen unnötigen Gedanken trennen, werden wir nicht die richtige innere Weisheit hervorbringen.

Wir sollten uns von der Natur belehren lassen. Wir sollten diese Weisheit direkt aufnehmen können. Doch all die Informationen und Erfahrungen und der Dualismus haben uns vom direkten Erleben getrennt. Solange wir noch an den Dingen haften und an kleinen Geschehnissen festhalten, solange können wir nicht die wahre Weisheit erleben. Wir müssen alle Gedanken vollkommen loslassen. Wir hören zwar die Lehre der Weisheit, doch nehmen wir sie mit unserem kleinen Geist auf, so dass wir sie nicht richtig wahrnehmen können. Buddha war der erste große Lehrer, der dies verstand. In den 2500 Jahren danach haben viele weise Menschen dies verstehen können.

Wir suchen Zuflucht im Zen, weitergegeben durch all die Patriarchen. Wir suchen die Wahrheit und dann lernen wir, wie wir die Dinge wahrlich sehen sollten. Diese Weisheit, die von der Zeit Buddhas bis heute weitergereicht wurde, hat vielen Menschen auf dem Weg geholfen. Die erste große Lehre Buddhas war, dass das Leben voller Schmerz ist. Selbst wenn es uns gut geht, sollten wir uns dessen bewusst sein, dass überall viel Schmerz ist. Der nächste wichtige Punkt ist, dass wir sehen müssen, woher dieser Schmerz kommt. Dann müssen wir diesen Schmerz genau betrachten und werden auf jeden Fall davon befreit werden. Uns wird gelehrt, dass wir an die Befreiung vom Schmerz und an das Erwachen aus tiefem Herzen glauben sollten. Deswegen begeben wir uns auf den Weg. So lehrte der Buddha seine Schüler.

Diese Worte Buddhas findet man im *Avatamsaka [Blumengirlanden]-* oder *Lotus-Sutra;* es sind die älteren Sutren, in denen man diese Worte lesen kann. Die Worte Buddhas sollten wir jeden Tag in Ruhe mit unserem Herzen und nicht mit unserem Intellekt betrachten. Wenn wir die Worte zum Leben erwecken, werden die Unklarheit und die Fragen aus unserem Leben verschwinden. Wir werden einfacher und klarer in unserem Geist. Dies können wir nicht mit unseren Köpfen, sondern nur mit unseren Körpern verstehen. Wir müssen dies in unserem täglichen Leben üben, ob wir sitzen oder stehen oder liegen, wir müssen es wie eine gerade Linie verfolgen. Wir halten nur ein Wort in unserem Geist und betrachten es ständig. Wenn wir es so machen, wird all die Unklarheit aus unserem Geist herausgefegt und unser Geist wird ständig heller und weiter. Unser Bodhisattva-Geist wird gestärkt, egoistische Anhaftungen können uns nicht mehr so bewegen.

Ein Schüler Buddhas namens Shuri Hankoku ist ein gutes Beispiel dafür. Er war eine Person mit einem sehr einfachen, fast dummen Geist, darum sagte Buddha zu ihm: „Werde alle unnötigen Dinge los, reinige deinen Geist.“ Tatsächlich nahm der Angesprochene einen Besen und einen Lappen und putzte den ganzen Tag lang, jeden Tag richtete er seine Aufmerksamkeit wieder auf diese Worte. Schließlich hatte er ein Erleuchtungserlebnis und erfuhr die gleiche Weisheit, wie Buddha sie erlebt hatte. Obwohl er nichts gelernt und ein schlechtes Gedächtnis hatte, übte er doch aus vollem Herzen die ihm gegebenen Worte; so wurde sein Geist befreit. Das ist sehr mysteriös, muss man sagen.

Die Worte Buddhas, vor vielen Jahrhunderten gesprochen, hören sich so weit entfernt an. Wir brauchen nähere und direktere Worte. Zen wird auf eine lebendige Weise in jeder Ära gelehrt. Zen ist lebendig und voller Essenz. Ein altes Koan aus China lautet: „Ein Mönch fragte Meister Joshu: Hat ein Hund Buddha-Natur oder nicht? Joshu antwortete: *Mu.*“ Ein anderes Koan: „Warum kam Bodhidharuma nach China? – Der Eichenbaum im Garten.“ Oder als Meister Unmon antwortete: „Jeder Tag ist ein guter Tag.“

Diese kurzen Phrasen und Fragen werden durch langes, ruhiges Sitzen verstanden. Wenn wir uns darauf konzentrieren, werden wir eins mit dem Geist, ohne dass wir es bemerken. Joshu,

Unmon – man kann ganz direkt ihren Geist erleben. Diese Worte klingen in allen Menschen gleich nach. Sie berühren die wahre Quelle einer jeden Person. Es ist jedoch wichtig, mit diesen Koan zu sitzen, sich auf eine Sache zu konzentrieren und diesen Geist des Nicht-Denkens zu erleben. Wir haben viele Dinge von außerhalb gelernt: Informationen, Wissen, vergangene Erfahrungen, dualistisches Bewusstsein – all diese Dinge verblassen. Wir trennen uns von ihnen, und unser Geist kehrt zurück zum Geist unserer Geburt. Die wahre Weisheit kommt hervor. Unser Geist wird erhellt und wir können die Dinge so sehen, wie sie sind. Dieser frische Geist wird ganz natürlich geboren.

Hier müssen wir uns auch von unserem Egofilter und von den Dingen trennen, an denen wir haften. Natürlich lebt auch dieses kleine Selbst, doch können wir von dort nicht die Essenz des Am-Leben-Seins sehen. Das kleine Selbst steht im Weg, so dass wir nicht alle Menschen annehmen können. Wir müssen Zazen üben und unser kleines egoistisches Selbst loslassen.

Jemand, der die Kampfkünste übt und bei seinem kleinen Selbst stehen bleibt, kann nicht den Geist des Gegenübers verstehen. Wenn man nicht den Geist sehen kann, dann kann man sich nicht frei und mit einem Gefühl der Weite bewegen. Genauso ist es beim Blumenstecken. Wenn man an den Ideen seines Selbst festhält, oder daran, wie die Blumen sein sollten, dann wird in dem Blumengesteck nie ein Gefühl von Harmonie zu finden sein. Genauso auch in der Teezeremonie. Wenn man den Tee von seinem kleinen Selbst her macht, dann wird auch der Gast beim Trinken des Tees kein Gefühl der Weite und Offenheit erleben können. Im *Noh*-Theater, beim Kalligraphieren oder beim Bogenschießen – überall kann man die Wichtigkeit des Zen-Geistes finden.

Zuerst lernen wir die Technik, dann vergessen wir die Technik, gehen jenseits davon, werden beim Üben eins mit dem gesamten Universum. Wenn wir dann die gelernte Technik mit einem weiten Geist nutzen können, kommt eine große, offene Handlungsweise hervor. Wenn wir in den Kampfkünsten noch ans Gewinnen und Verlieren denken, müssen wir das durchs Üben des Zazen loslassen lernen.

Der sechste Nachfolger nach Bodhidharma Daishi war Rokuso Eno, der Zazen so beschrieb: „*Za* [sitzen] bedeutet, sich im Geist in keinem Moment von den Dingen außerhalb bewegen zu lassen. Zen bedeutet, nach innen zu schauen und sich nicht bewegen zu lassen.“ Unser Bewusstsein kann sich nach außen und nach innen wenden. Alle Phänomene der Welt – gut und schlecht, verlieren und gewinnen, schön und hässlich, dumm und erleuchtet – bewegen uns nicht, das ist *za*. Wir schauen nach innen, und das Bewusstsein kommt auf, wir sehen die Essenz davon. Indem wir sie wahrnehmen, werden wir uns der Quelle bewusst und lassen uns nicht mehr hin- und herbewegen. So hat er es auf eine sehr praktische Weise beschrieben. Es geht nicht darum, zu denken, dass wir an nichts denken sollen. Es ist der Ort, wo wir selbst dies loslassen. Das ist Zen. Es heiß auch nicht, dass wir unseren Geist nicht bewegen sollten. Doch wenn unser Geist wahrlich einen Ort der Balance gefunden hat, dann geht er nicht mehr hierhin und dorthin. So hat es der sechste Patriarch gesagt. Die wahre Essenz von Zen liegt darin, dass wir ruhig sitzen und uns nicht innerlich bewegen lassen. Jedoch heißt dies nicht, dass wir wie ein Stein werden sollten. Wir sollten nicht diesen Fehler begehen. Der sechste Patriarch wurde erleuchtet, als er diese Worte hörte: *„Nirgends verweilend, doch sich ständig manifestierend."* Diese Worte stammen aus dem *Diamant-Sutra*. Wir sagen nicht, dass der Geist leer sei und halten dann an dieser Leere fest. Es geht nicht darum, ein Konzept der Leere zu schaffen. Dieser Geist des Zen kommt hervor, wenn wir an nichts festhalten. Frei und sich immer bewegend. Wir bewegen uns nicht sinnlos, wobei uns die Natur viel lehren kann. Sie versucht nie, sich zu beweisen oder anzuspornen; nur die Menschen tun das. So wie es ist, mit jeder Jahreszeit mitgehend: Im Frühling blühen die Blumen, die Blätter werden grün, und langsam wachsen Früchte an den Bäumen. Im Herbst fallen die Blätter, und sie werden wiederverwertet. Danach kann der nächste Kreislauf beginnen. Hier ist die Sichtweise von Tod und Geburt zu eng, der Kreislauf verläuft tatsächlich in einem größeren Rahmen. Es ist viel wichtiger, die weite Lebensenergie in ihrer Fülle zu sehen. So ist die Natur. Nur die Menschen haben diese Anhaftungen, und dann kommen die Gefühle von Mögen und Nicht-Mögen hervor. Es gibt einen großen Unterschied bei den Gefühlen, der darin liegt, ob man sie als etwas Kostbares ehrt oder ob man in ihnen untergeht. Wenn wir in ihnen ertrinken, dann ist das Schmerz. Denn jeder Tag ist neu und frisch. Jede Sekunde und jeder Moment wird neu geboren. Wenn wir lachen, dann lachen wir aus tiefstem Herzen. So füllen wir Himmel und Erde mit unseren Gefühlen, doch lassen wir nichts zurück. Mit einem vollen Geist leben wir in unserem eigentlichen Geist, einem gesunden Geist. Das ist der Ort frei von Anhaftungen, der freie Geist des Zazen.

Den eigentlichen Geist der Menschen erleben und lehren, das ist die Weise Bodhidharmas. Wir haben seine Worte, die uns die Richtung zeigen: Den klaren Geist direkt sehen und ein Buddha werden. Dies ist ein sehr direkter Weg. Diesen Geist, der an nichts festhält, ganz direkt erleben – jetzt in diesem Moment kann jede Person dazu erwachen.

Kyogen Chikan Zenji starb im Jahre 898. In seiner Jugend übte er unter Hyakujo Zenji. Als der starb, führte Kyogen seine Zazen-Übung mit seinem älteren Bruderschüler Issan Reiyu fort. Als er in *Sanzen* war, sagte Issan: „Wir haben gehört, dass du, als du bei Hyakujo warst, wenn eins gesagt wurde, gleich zehn verstanden hast. Du bist sehr intelligent, doch wir wollen eine Antwort, die nur aus dir selbst kommt: Was ist es, das du schon wusstest, ehe du aus dem Leib deiner Mutter kamst?" Dies ist der Ort, wo man durch die eigene Wurzel hindurchgeht, kein Selbst zurücklassend. Wir treten in den Geist ein, der klar und durchsichtig ist, wie ein sauberer Spiegel, ein Kristallpalast. Dieser Geist kommt von allein hervor, ganz spontan treten wir ein. Dieser Geist muss einmal erlebt werden, denn von dort her können wir vollkommen sterben. Es endet jedoch noch nicht dort. Dieser gereifte und volle und pralle Zustand wird von etwas berührt, und eine neue Lebensenergie platzt heraus. Wir können nicht aufhören zu lachen, weil wir wissen, dass die Lebewesen unzählig sind, und wir geloben dennoch, sie alle zu erlösen.

Als Kyogen das Geräusch des Kiesels am Bambus hörte, erlebte er nichts, was ihm von seinen Eltern und Lehrern gelehrt worden war. Es war sein eigener Geist. Er hatte es selbst verstanden, doch wie konnte er es den anderen mitteilen? Das wissen wir nicht. Der Geist, der nicht erklärt werden kann, kommt von nirgendwo her, er ist ohne Ideen und Gedanken. Die Quelle des Unbenennbaren, wir nennen sie einfach: Buddha-Natur.

Wenn wir von all unseren Gedanken loslassen, ist dies der eigentliche Zustand. Wir können es nicht erklären und sagen *Mu*. In diesem Geist des *Mu* gibt es natürlich kein schön und kein hässlich, es gibt dort überhaupt nichts, nichts was hervorkommt oder vergeht. Von diesem Geist her lachen und weinen wir, schlafen und arbeiten wir, ohne jegliches Anhaften.

Shido Bunan Zenji sagte zwei Generationen vor Hakuin: „Wenn wir uns ohne Unterlass ständig töten, ist das, was zurückbleibt, Buddha!" Auch sagte er die berühmten Worte: „Während wir am Leben sind, sollten wir einmal vollkommen sterben. Wenn wir vollkommen gestorben sind, können wir zum ersten Mal wirklich etwas tun, und es wird gut für alle Menschen sein."

Rinzai sagte: „In diesem Lumpen aus rotem Fleisch, da ist eine Person ohne Rang, die ständig ein- und ausgeht. Wenn du sie noch nicht gesehen hast, dann schaue jetzt, schaue jetzt!" Diese wahre Person ohne Rang ist die wahre Natur der Menschen, und dies zu verstehen bedeutet, die wahre Natur direkt zu erleben – das sagte Rinzai. Wenn auch nur ein wenig Dualismus zurückbleibt, dann ist es nicht die wahre Person ohne Rang. Es ist diese wahre Natur, die Hakuin so beschreibt: „Alle Lebewesen sind von Anfang an Buddhas." Wir erlangen es nicht, indem wir Zazen üben oder den Namen Buddhas rezitieren – schon von Anbeginn haben wir diese wahre Natur.

Rinzai sagte auch: „Wenn ihr euch nicht von den Patriarchen und Buddhas unterscheiden wollt, dann sucht nicht nach etwas außerhalb. Das klare reine Licht eines Augenblickes in deinem Geist, das ist der Essenz-Körper in dir. Das nicht unterscheidende Licht eines Augenblicks in deinem Geist, das ist der Seele-Körper Buddhas in dir. Das nicht beurteilende Licht eines Augenblicks in deinem Geist, das ist der Wandlungs-Körper Buddhas in dir. Diese drei Arten von Körpern, das bist du, die Person, die vor mir steht und sich das Dharma anhört!" An anderer Stelle sagte Rinzai, dass unser Geist wie ein Spiegel sei, und deswegen könne alles im Spiegel widergespiegelt werden: Der Ort vor der Geburt unserer Eltern – das ist der Ort vor der Schaffung des Universums, das ist die Funktion eines großen weiten Spiegels in unserem Geist. Wie ein Spiegel, wo es nur das Spiegeln gibt und keinen Dualismus; was auch immer vor ihn kommt, wird gespiegelt, noch vor der Teilung in Subjekt und Objekt. Dies nennt man „die große Spiegel-Weisheit".

Der Spiegel unterscheidet nicht die Dinge, die er widerspiegelt. Selbst wenn es ein hoher Berg wie der Fuji ist – er sorgt sich nicht darum, ob dieser hineinpassen wird. Der Spiegel sieht alle Phänomene als gleich an. Dieser Geisteszustand wird „der Zustand der gleichen Aufnahme aller Dinge" genannt. „Wie klar und hell das Licht der vierfachen Weisheit!" Wenn vor den Spiegel eine Blume kommt, dann wird eine Blume widergespiegelt. Wenn ein Vogel vor den Spiegel kommt, wird ein Vogel widergespiegelt. Genau so, wie er ist, ohne etwas zurückzulassen, ohne zu urteilen. Ständig zum leeren, reinen, freien Geist zurückkehrend. Das nennt man Buddha. Vor dem Spiegel ist alles gleich. Dinge mit hohem Wert und Dinge ohne Wert, Männer und Frauen, alt und jung. Der Berg Fuji und ein

Sesamkorn, das Wasser des Pazifischen Ozeans und das Wasser in einem Glas, es ist alles gleich, ein Diamant und ein Stück Glas. In einem Spiegel werden die großen und die kleinen, die schönen und die hässlichen Dinge gleich reflektiert. Kein reich und arm, alles ist gleich, der wahre Geist wie ein Spiegel. Eins mit dem Selbst und mit den anderen, nicht unterscheidend. Von Geburt an haben wir alle diesen Geist in uns, wir hören davon nicht in der Schule. Es ist die grundlegende Materie unseres Geistes, nicht beschmutzt zu sein von zahlreichen Gedanken und Beurteilungen. Wie Hakuin es ausdrückte: „Von Anbeginn sind alle Lebewesen Buddhas!"

Wir haben auch die Kalligraphie von Engo Kokushi mit den Worten von Daito Kokushi, ebenso Hakuin Zenjis Kalligraphie, die bis heute gut erhalten geblieben sind. Auch der Bodhidharma mit den acht Gesichtern und Worten von Miyamoto Musashi bringt diesen weiten Geist zum Ausdruck und ist voller Kraft; nicht weil er mit einer guten Technik geschrieben wurde – wir können diesen weiten Geist ganz direkt und intuitiv in den Kalligraphien spüren. Wir sind tief berührt davon. Das Zen ohne Form wird hier manifestiert. Dieser Geist wird Zen und Buddha und Leben genannt. Jeder hat diesen Geist schon bei der Geburt mitbekommen, und wir alle haben die gleiche Möglichkeit, diesen Geist direkt zu erleben. Der große Teil der Menschen verdeckt ihn jedoch mit dem eigenen Ego.

Viele Menschen sind diesen Weg gegangen, haben den Weg des Zen und des Schmerzes gewählt und haben einen erleuchteten Lehrer gesucht. Was ist die höchste Lehre des Buddhismus? Das Zen jenseits der Form sehen können, den Geist jenseits der Form. Was ist Leben? Die Lehrer taten einen großen Schrei, hielten einen Finger hoch, schlugen viele Male mit einem Stab, schauten mit scharfen Augen – nur so konnte es zum Ausdruck gebracht werden. Das, was keine Gestalt hat, leiht sich die Techniken der Form aus, um das auszudrücken, was nicht in Worten ausgedrückt werden kann.

Dort kommen Zen und die verschiedenen Wege zusammen, auch Zen und Kalligraphie. Die Kalligraphien von Daito Kokushi und Hakuin Zenji bringen immer noch diesen Geist und diese Energie auf lebendige Weise zum Ausdruck. Es ist dieser Geist des Zen, der das hervorbringt. Das ist die höchste Qualität des Geistes aller Menschen; es ist eine wichtige Gabe. Hakuin Zenji lehrt uns diesen wichtigen Aspekt und sagt: *„Alle Lebewesen sind vom Ursprung her Buddhas!"*

Sesshin

Einer der Texte Hakuins, die von Torei Zenji erhalten wurden, war der Text *Rohatsu Jisshu.* Dies ist eine Sammlung der Reden, die jeden Abend während des *Rohatsu Osesshin* gegeben wurden. Dieses *Rohatsu Osesshin* wird zu Ehren der Erleuchtung Buddhas abgehalten, und es ist der Höhepunkt eines Jahres der Übung. Hakuin Zenji sprach in den Reden von seiner eigenen Erfahrung ausgehend, um seine Schüler anzuspornen und ihnen Energie zu geben. Während der ersten vier Nächte redete Hakuin hauptsächlich über die Atemübung *Sussokan.* Er lehrte seine Schüler die Grundlagen des Zazen und sprach klar und deutlich über die Details des *Sussokan,* wie es im Kapitel über Zazen deutlich wird.

Am fünften Tage des *Rohatsu Osesshin* spricht Meister Hakuin:

„Intensive Übungszeiten, Sesshin genannt, sind 80 oder 90 oder 120 Tage lang. Da das Ziel aller Teilnehmer ist, die große Frage zu klären, darf während dieser Zeit niemand das Tempelgelände verlassen und niemand darf unnötig sprechen. Das Üben wird mit einem reinen, überzeugten Geist vollzogen.“

Sesshin bedeutet das direkte Erleben des eigenen Geistes. Es bedeutet auch, den Geist zu sammeln. Das können wir nicht während unseres gewöhnlichen Tagesablaufs tun. Während des Sesshin müssen wir uns von der täglichen Routine trennen, dann können wir diesen neu hervorkommenden Geist berühren und erleben. Wenn wir ein Sesshin halten, müssen wir alle Verbindungen zu unserem täglichen und sozialen Leben zurücklassen, sonst ist es kein Sesshin.

Obwohl traditionell ein Sesshin bis zu 120 Tage dauerte, sind die Sesshin in Sogenji jetzt eine Woche lang. Während der einen Woche hat jeder Tag seine besondere Bedeutung: Am ersten Tag beginnen wir, am zweiten Tag geben wir unsere ganze Energie hinein, am dritten Tag haben wir uns daran gewöhnt, am vierten Tag haben wir meistens Probleme mit unserem Körper, am fünften Tag sind wir meist ein wenig müde, doch haben wir uns an die Schmerzen in den Beinen gewöhnt. An diesem Punkt angelangt, geht es nicht darum, dass es nur noch zwei, drei Tage bis zum Ende des Sesshin sind, sondern dass wir jeden Tag vollkommen erleben. Am sechsten Tag sehen wir das Ende kommen und können unser Bestes geben. Am siebten Tag kommt der Endspurt. Wir können unsere Übung nicht ungenau und unklar tun – wir würden damit das ganze

Sesshin verschwenden. Mit jedem Tag wird unser Leben weniger. Wir müssen verstehen lernen, wie wir das Sesshin am besten nutzen können.

Alles beiseite legend, gerade nach vorne schauend, arbeiten wir einfallsreich und kreativ, um die Quelle unseres Geistes erleben zu können. Wir legen alles beiseite, damit wir die große Frage lösen können, die wichtigste Frage, das Problem von Leben und Tod. Dabei geht es nicht darum, wie wir unseren Lebensunterhalt verdienen oder emotionale Probleme lösen können. Wenn wir in unseren jungen Jahren einmal bis zur tiefen Wurzel schneiden können, dann wird das ganze Leben zentriert und klar. Egal, was für große Pläne wir für unser Leben hatten, sie alle zerschmelzen in diesem Moment. Wir müssen zuerst diesen Ort erleben, die wahre Essenz unserer Existenz, wir müssen direkt das erleben, was durch uns hindurch lebt. Dafür müssen wir uns von der Gesellschaft trennen, vollkommen abtrennen. Nur nach innen schauend auf unseren wahren Geist, schauen wir immer feiner und immer weiter hinein.

Während dieser Zeit gehen wir nirgendwohin. Wenn wir das Kloster verlassen, müssen wir uns entsprechend der sozialen Regeln verhalten. Selbst beim *Takuhatsu* tragen die Mönche tief in das Gesicht reichende Hüte, die ihre Sichtweise einschränken. Wenn man diese Hüte trägt, kann man nur schräg nach vorne schauen, gerade mal die Füße des Vordermannes sehen. Deswegen wird selbst beim *Takuhatsu* die ständige Innenschau auf die eigene Essenz betont. Als ich Mönch im Kloster Shofukuji in Kobe war, wurde Präsident Kennedy ermordet. Ich hörte nichts davon, bis ich eines Tages beim *Takuhatsu* auf der Straße einen Artikel sah, der von der schrecklichen Tat berichtete. *Dojo* [Orte der Übung] sind dafür gedacht, dass man sich vollkommen von der Welt außerhalb trennen und zum ersten Mal – wenn auch nur ganz seicht – seinen eigenen wahren Geist erleben kann.

„Und niemand spricht unnötig." Da wir diese strengen Anweisungen haben, sprechen die Übenden während eines Sesshin nicht unnötig. Sie sind dort aus dem einzigen Grund, die wichtigste Frage für sich zu lösen. Man darf über die Regeln, Zeitpläne und andere praktische Dinge reden, doch wenn wir uns in sinnlosem Gerede festfahren, dann ist es genau so, als ob wir unsere wahre Quelle aus den Augen verlören.

Hakuin Zenji fährt fort: *„Das Üben wird mit einem reinen, überzeugten Geist vollzogen."* So drückt er es aus. Das ist der wichtigste Punkt beim Üben, die wichtigste Qualität des Übens, dass wir voller Mut und Entschlossenheit dabei sein können. Wir können es nicht mit einem unklaren Herzen und voller Zweifel tun. Wir können es auch nicht tun, wenn wir uns ständig darum kümmern, was rechts und was links von uns ist, was andere tun und denken, wie unser körperlicher Zustand und unsere Gefühle sind oder wie unsicher wir sind – wenn wir das alles aufmerksam betrachten, dann haben wir keinen Raum, um in unser Inneres zu schauen, um die Wurzel von Leben und Tod abzutrennen, oder um zu klären, was es wahrlich bedeutet, zu existieren. Unser Üben ist kein scholastisches Unternehmen. Wir sitzen nicht, um philosophischen Überlegungen nachzugehen. Wenn wir das tun möchten, können wir in die Universität gehen. Wir sitzen, um uns vom dualistischen Geist zu trennen. Wir müssen all dies vollkommen fortwerfen, sonst können wir nicht die wahre Wurzel unseres Seins erleben.

Man lässt sich allzu leicht etwas vom oberflächlichen Schatten vormachen und glaubt, dass er das Eigentliche sei. Obwohl es unser Geist ist, der alles in der Welt hervorbringt, denken wir fälschlich, dass die Welt uns beeinflusst. Das ist die Quelle vieler Unklarheiten. Wenn wir jedoch wahrlich den Ort sehen möchten, von wo unsere Lebensenergie hervorkommt, dann müssen wir alle äußeren Verbindungen abschneiden, alle Welten abschneiden, die uns etwas bedeuten. Selbst wenn es nur einmal geschieht – ganz deutlich alles abschneiden, dann können wir völlig rein und klar werden. Wir müssen uns bedächtig bis zu diesem Ort vorwagen, immer reiner werdend, oder es endet alles in einer Zeitverschwendung.

„Vor einigen Jahren lebte ein Mann in einem Dorf ganz in der Nähe. Er schnitzte eine Steinfigur von Fudo, dem Unbeweglichen. Er baute dafür einen Schrein am Fuße des Wasserfalls in den Bergen von Yoshiwara.“

Als nächstes erzählt Hakuin ein wunderbares Beispiel von jemandem, der entschlossen war, diesen reinen und klaren Geist zu erleben. Hakuin lebte in der Stadt Hara im Tempel Shoinji, in der Nähe lag die Stadt Okitsu. Noch etwas weiter entfernt gab es die kleine Stadt Iihara, wo der bekannte Heshiro lebte. Er war reich, gebildet und eigentlich für die ganze Stadt verantwortlich. In den Bergen hinter der Stadt gab es einen Wasserfall. An dem Becken am Fuße des Wasserfalls wollten die Stadtbewohner eine Statue von Fudo Myo aufstellen, einer Schutzgottheit, die beständig und unbeweglich ist und die auch Ärger über Dualismus und unnötiges Denken symbolisiert. Als Heshiro davon hörte, spendete er Geld für diese Statue. Anlässlich der Aufstellung der Statue wollten sie ein kleines Fest veranstalten. Alle Stadtbewohner waren eingeladen, zur Feier des Tages gab es Essen und Trinken. Alle hatten viel Spaß, als Heshiro plötzlich etwas bemerkte. Als er den Wasserfall betrachtete, sah er die Blasen am Fuße des Wasserfalls, wie sie aus dem Becken strömten und mit dem Fluss weiterflossen. Er betrachtete sie nicht aus einem bestimmten Grund, seine Aufmerksamkeit war irgendwie dorthin gezogen worden.

„Eines Tages, als er gerade das fallende Wasser des Wasserfalls betrachtete, starrte er auf die sich bildenden Blasen in dem Wasserbecken. Einige Blasen flossen zwei, drei Meter, bevor sie zerplatzten, andere flossen zehn Meter weiter. Als er sie betrachtete, war der Zeitpunkt gekommen, da sein Karma gereift war, und er spürte die Vergänglichkeit der weltlichen Existenz.“

Als er diese Blasen beobachtete, flossen einige nur zwei, drei Meter weiter, während andere bis zu zehn Meter und noch weiter flossen. Diese Blasen waren alle geboren worden, flossen und verschwanden. Als er dieses Schauspiel beobachtete, dachte Heshiro bei sich: „Interessant! Alle werden gleichzeitig geboren, doch einige platzen früher als andere." Sie alle kamen vom gleichen in das Becken fallende Wasser. Und plötzlich verstand er etwas. Dieses Verstehen bewegte sein Inneres tief. Er konnte auf einmal keine Ruhe mehr in sich finden. Er verstand, dass dies auch für alle Menschen zutraf. Wir alle werden mit einem lauten Geburtsschrei geboren, doch es gibt diejenigen, die bei der Geburt sterben, einige sterben im Alter von drei, vier Jahren, andere sterben in ihren besten Jahren, und andere wiederum leben bis ins hohe Alter, werden 80 oder 90 Jahre alt. Das Leben der Menschen ist genauso wie diese Blasen. Wir werden alle gleich geboren, doch wissen wir nie, wann wir sterben werden. Als er es so betrachtete, wurde ihm klar, dass wir alle einmal sterben werden. Trotz unserer Unterschiede werden wir alle einmal sterben und verschwinden. Der Schock dieses Verstehens gab ihm ein Gefühl von Sinnlosigkeit, hatte er doch einfach nur sein Leben gelebt, ohne um diese tiefe Frage zu wissen. Er dachte bei sich: „Warte, das heißt, dass auch ich sterben werde, auch für mich trifft es zu! Ich werde sterben!“ Zum ersten Mal sah er seinen eigenen Tod direkt vor sich; er konnte nicht mehr stillsitzen in diesem Wissen, dass er sterben muss. Er wusste nur nicht, wann. Jeder weiß es im Kopf, doch nur wenige verstehen es von tief innen her – niemand nutzt dieses Wissen von einem in jedem Augenblick möglichen Tod. Wir können es schwer begreifen und annehmen, auch wenn wir es versuchen. Im *Diamant-Sutra* heißt es:

„So mögt ihr über diese dahinfließende Welt denken:
ein Stern am Morgen, eine Blase im Fluss,
ein Blitz in einer Sommerwolke,
eine flackernde Lampe,
ein Phantom und ein Traum.“

Alles ist leer, und wenn wir nicht bemerken, dass es uns direkt etwas angeht, werden wir uns ewig von Schatten und Spiegelungen, von dieser dahinfließenden Welt ablenken lassen. Wenn wir dies nicht genau betrachten, werden wir nie die wahre Essenz davon sehen. Dies sagte der Buddha selbst. Übende haben die unterschiedlichsten Persönlichkeiten, die sie verbessern wollen. Sie möchten ihr Leben richtig leben, sie kommen mit vielen Problemen. Doch müssen sie grundlegend verstehen, dass man sich auf diese dahinfließende Welt nicht berufen kann. Wir müssen dies sehen, müssen diesen wichtigen Punkt verstehen, bevor wir mit dem Üben beginnen, sonst werden wir in der Mitte der Übung aufgeben. So wird es uns schon von alters her gelehrt.

Heshiro von Iihara spürte dies ganz tief – es wurde sein großes Problem, es sprach ihn ganz direkt an. Er wurde plötzlich ganz unruhig und unsicher. Im siebten Jahrhundert sagte Shotoku Daishi:

„Alle Dinge in dieser Welt sind nichts
als ein Traum, eine Fantasie.“

Es sind alles nur Schatten ohne Wahrheit, wenn wir die wahre Quelle des Geistes, die Lebensquelle, nicht spüren können. Wenn wir dies nicht realisieren, dann ist alles falsch, dann ist alles ein Schatten, den diese Wahrheit wirft. Heshiro konnte nicht länger bei dieser Feier bleiben. Das leckere Essen und Trinken war nicht mehr interessant, wenn er nicht wusste, wie lange er noch zu Leben hatte. Egal, was er auch tat oder dachte, alles erschien ihm bedeutungslos. Das ist das Reifwerden der karmischen Umstände – wenn wir ganz tief in uns wissen, dass wir üben müssen und nichts anderes tun können.

Vor einigen Jahren starb eine Dame namens Atsuko Chiba an Krebs. Sie schrieb, wenn jemand durch eine todesnahe Erfahrung gegangen sei, würde das Leben danach einfacher. Diese Menschen haben verstanden, dass wir nicht wissen können, ob wir morgen noch am Leben sind. Sozialer Erfolg, materieller Komfort oder das Gefühl, dass etwas erledigt werden müsse – all dies wird bedeutungslos. Man denkt darüber nach, warum man geboren wurde oder was man in der noch verbleibenden Zeit tun sollte. So schrieb sie, und so ist es wirklich. Heshiro wurde sehr unsicher. Was hatte dann überhaupt noch Bedeutung? Er sagte den anderen Gästen, dass er noch etwas zu tun habe, und er verließ die Feier. Als er den Berg hinunter stieg, überlegte er, wie er dieses Verstehen nutzen und in seinem Leben ausdrücken konnte. Wie könnte er jetzt leben? So dachte er nach, als er nach Hause lief. Er ging an einem Haus vorbei, in dem gerade ein Sutra rezitiert wurde, und konnte diese Worte vernehmen:

„Wesen voller Mut erleben Buddha-Geist
in einem Gedankenmoment.
Faule Wesen hingegen brauchen drei lange Kalpas,
bis sie den Weg ins Nirvana finden.“

Das war mysteriös. Er hatte sich gerade gefragt, was er jetzt wohl am besten tun konnte, und dann hörte er diese Worte – die Worte Meister Takusuis. *„Wesen voller Mut erleben Buddha-Geist in einem Gedankenmoment.“* Jeder, der wirklich sein Leben auf des Messers Schneide legt und wahren Mutes aus vollem Herzen voranschreitet, wird ohne Zweifel die Lösung dieses Problems finden. *„Faule Wesen hingegen brauchen drei lange Kalpas, bis sie den Weg ins Nirvana finden.“* Wenn jemand jedoch diese Anstrengungen macht und gleichzeitig an einer anderen Welt festhält, am sozialen Leben, wird er nie den wahren Geschmack des Ortes auf des Messers Schneide schmecken können. So weiterzuüben – statt hunderte von Jahren aus vollem Herzen – hat keinen Sinn und ist nur Zeitverschwendung. Wenn man es macht, dann möge man es vollkommen und total tun – so sagt das Sutra. Heshiro verstand dies und fasste seinen Entschluss.

„Ein tiefer Entschluss kam in ihm auf. Er schloss die Tür hinter sich, setzte sich hin, streckte seine Wirbelsäule, brachte die Hände zusammen, öffnete weit die Augen und begann voll großer Entschlossenheit mit dem Üben des Zazen.“

Damit dieser Entschluss so fest gefasst werden konnte, brauchte es mehr als die Erfahrung am Becken des Wasserfalls. Es hat da schon eine Vorbereitung gegeben. Obwohl er ständig in der Gesellschaft gearbeitet hatte, hatte er diese innere Frage schon lange in sich gehabt. Er hatte in seinem täglichen Leben das Feuer dieser Frage bereits geschürt. Deswegen konnte er gleich diese Chance ergreifen und seinen Entschluss festigen. Dieser Entschluss wandelte sich in die Energie, die es ihm ermöglichte, sein Leben vollkommen zu ändern. Das Problem ist: Menschen haben einen Lebensplan, wie sie die Dinge tun und wie sie leben sollten. Doch wahrlich alles, was sie haben, ist dieser eine Gedankenmoment *nen*, der den Unterschied macht, ob sie es erreichen können oder nicht. Heshiro hatte es geschafft. *„Er schloss die Tür hinter sich.“* Er schloss die Tür ab und setzte sich gerade hin, er imitierte die Leute, die er beim Zazen gesehen hatte. Er öffnete beide Augen weit und schaute vor sich auf den Boden. Er öffnete seine Augen so weit, dass das Licht hineinströmen konnte – es muss so gemacht werden, sonst werden wir durch den Schmerz und die Ablenkungen verweichlicht. Er saß reines Zazen, ließ sich von nichts ablenken, fügte nichts hinzu. Er tat es nicht, um sein Leben zu stabilisieren, oder um glücklicher zu werden, oder um die Qualität seines Geistes zu erhöhen – aus keinem dieser Gründe. Er gab einfach alles hinein, egal, was auch geschehen würde – es gab nur dieses Zazen, nichts anderes existierte. Er war entschlossen, so zu üben und dranzubleiben.

„Ablenkende Gedanken flogen dick und dicht durch seinen Geist. Die Hindernisse der Dämonenwelt versuchten ihn zu irritieren. Doch weil er mit seinem ganzen Körper und Geist den Kampf des Dharma kämpfte, konnte er endlich bis zur Wurzel des Lebens kommen, und er betrat die formlose Welt des tiefen Samadhi.“

Natürlich ist das Sitzen nicht so einfach, wie es sich anhören mag. Die verschiedensten Gedanken kommen auf, die verschiedensten Worte, Vorstellungen, Ideen. Die verschiedensten Probleme tauchen immer auf, um das Zazen zu unterbrechen; ein Gedanke nach dem anderen kommt auf. Wir fragen uns, ob es einen Sinn hat, was wir machen, oder wie lange wir dafür Zeit haben und benötigen, ob wir es richtig machen können, ob es überhaupt funktioniert. Oder wir denken an all die Dinge, die wir noch tun müssen, ob es wirklich notwendig ist, dass unsere Beine so sehr schmerzen; wir denken auch, dass wir nichts im Leben tun können, wenn wir diese Frage nicht vollkommen lösen; dies und noch viel mehr. Wenn unser Geist ruhiger wird, genießen wir es, dass wir uns gut fühlen. Unser Körper mag sich anfühlen, als ob er auf Wolken schwebte. Wenn die Vorstellungen aufkommen, eine nach der anderen, müssen wir sie einfach abschneiden, immer und immer wieder ... und während wir dies tun, werden wir tiefer.

Hier können wir das wunderbare Werkzeug des *Sussokan* und der Koan nutzen. Einfach nur versuchen, ruhig zu sein, wird uns nicht zu *Samadhi* bringen.

Mu ... mu ... mu ... mu ... mu ... mu ... Manchmal unsere Energie nutzen, alles vollkommen hinein strömen lassen. Und an diesem Punkt ... werden wir zurückweichen? Werden wir es weiter verfeinern? Wir können nicht zurückweichen, wir müssen noch einen nächsten Schritt machen. Damit wir es auf uns nehmen können und weitergehen können, benötigen wir diesen geradlinigen Mut, von dem Hakuin spricht. Er lehrt uns dies aus seiner eigenen Erfahrung. Um durch diesen Ort zu stoßen, kann uns nur gradliniger Mut helfen. Jeder kann die Art von Zazen üben, bei der man sich friedvoll und gut fühlt. Doch 99 Prozent davon sind kein wahres Zazen. Wenn man so sitzt, dann übt man, um sich glücklicher und besser zu fühlen. Zazen fängt dort an, wo man nicht mehr weiß, wie man weitergehen und was man erwarten kann. Dann kann man zum ersten Mal den geradlinigen Mut nutzen und hindurchstoßen. Diese Erfahrung ist der einzige Weg, um durch das Tor zu schreiten.

„Er konnte dann endlich bis zur Wurzel des Lebens kommen, und er betrat die formlose Welt des tiefen Samadhi.“ Das ist der wichtigste Punkt. Die meisten denken, wenn sie ruhig sitzen und ihr Körper sich nicht bewegt, würden die Gedanken von alleine verschwinden, doch so funktioniert es nicht. So einfach ist es nicht. Wenn es so einfach wäre, dann könnte man Schlafmittel oder Drogen nehmen, um es zu erleben. Wenn man träumerisch auf dem Kissen sitzen könnte, nichts tuend, alles aus der Sicht verlierend, dann könnte es jeder tun. Doch um wahrlich durch die Wurzel von Leben und Tod schneiden zu können, muss man jenseits der Begrenzungen des kleinen Selbst gehen. Wenn wir nicht jenseits dieser Grenzen gehen, können wir die wahre Erfahrung nie erleben. Wahrlich das *Zendo*, die Menschen um uns und unseren Körper vergessen – wenn wir dies nicht erleben, können wir nicht durch das Tor eintreten. Doch Heshiro tat genau dies.

„Beim ersten Licht des Morgengrauens fingen die Spatzen an zu zwitschern. Er bemerkte, dass sein Körper verschwunden war. Plötzlich war es, als ob seine Augen aus ihren Höhlen auf den Boden gefallen waren. Er spürte den Schmerz der Fingernägel, die sich in seine Hände eingegraben hatten, und bemerkte, dass die Augen wieder an ihren gewohnten Platz zurückgekommen waren.

Er stand von seinem Kissen auf und lief ein wenig herum. Die nächsten drei Nächte übte er auf diese Weise. Nach der dritten Nacht stand er auf, um sich das Gesicht zu waschen. Er bemerkte, dass die Bäume und Sträucher im Garten irgendwie anders aussahen. Er fragte den Priester im nahe gelegenen Tempel, doch der konnte ihm auch keine Antwort darauf geben.“

Er hatte jedes Gefühl seines Körpers verloren, aber er war sich dessen nicht bewusst und verstand nicht, was genau geschehen war. Es war auf einmal Morgen geworden. Die Vögel sangen im Garten. „Chip-chip, chip-chip.“ Er hörte die Spatzen, doch aus irgendeinem Grund klangen sie, als ob sie in seinem Unterbauch wären. Sein ganzer Körper war zu diesen Spatzen geworden. Es war so unverständlich! So mysteriös! Er erlebte die Stimmen der Vögel mit seinem ganzen Körper, doch da gab es gar keinen Körper mehr – nur die Stimmen der Vögel! Er konnte daran nichts ändern. Es war, als ob seine Augen am Boden klebten. Er hatte sie weit geöffnet gehabt, doch nur dies war von seinem Körper übrig geblieben. Wie eigenartig! Nur ein Bewusstsein war vorhanden. Nach einer Weile kehrten seine Sinne wieder zurück. Er konnte seinen Körper wieder spüren. Als er seine fest zusammengepressten Hände öffnete, konnte er den Schmerz spüren, da die Fingernägel sich in das Fleisch gebohrt hatten; er konnte auch den Schmerz in seinen Beinen wahrnehmen. Langsam wurde sein Gespür wieder normal, und er bewegte seinen Körper. Er konnte endlich wieder aufstehen. „Wie eigenartig das war! Ich habe noch nie so etwas erlebt. Es ist wahrlich schwer zu verstehen. Aber es ist ein so gutes Gefühl! So klar und frisch! Ich werde es nochmals tun.“

Sofort setzte er sich wieder hin. Und da er die Gedanken immer und immer wieder abschnitt und fortwarf, verlor er wiederum das Gespür für alles. Sein Körper verschwand, die Umgebung verschwand. Er wusste wieder nicht, was geschehen war, aber er hatte alles losgelassen; dann kam schon wieder der Morgen. Dies tat er drei Nächte lang, am Morgen des dritten Tages schaute er in den Garten und sagte: „Das ist eigenartig. Sehr eigenartig. Was ist hier los? Der ganze Garten strahlt. Wie komisch! Alles im Garten strahlt von hellem Licht. Die Blätter leuchten, alles ist so wunderschön! Das ist sehr interessant – ich habe den Garten noch nie so gesehen.“

Heshiro berichtete einem Priester in der Nachbarschaft von seiner Erfahrung. Er fragte den Priester, ob der ihm sagen könne, was passiert war. Doch der Priester sagte, dass er selbst nie so eine Erfahrung gemacht habe. Er selber sei nie durch dieses Tor geschritten; er verstand es folglich nicht und konnte Heshiro nicht weiterhelfen. „Diese Art des Sitzens und diese Erfahrung ... Ich selbst habe das nie erlebt! Das ist eine sehr beeindruckende Erfahrung, die du da hattest. Hakuin Zenji lebt im Tempel Shoinji in Hara, er hat auch so tiefe Erfahrungen gemacht. Er hat die Erleuchtung Buddhas erlebt. Du solltest ihn fragen, er wird dir weiterhelfen können, das ist die beste Idee." So sprach der Priester zu Heshiro, der beschloss, Hakuin aufzusuchen, solange die Erfahrung noch frisch und lebendig in ihm war.

„Er beschloss dann, mich [Hakuin] zu sehen. Er machte sich in einer Tragekarre auf den Weg. Als er auf dem Hochpass bei Satta war, hielt er kurz an, da der Ausblick über die See von Koura besonders schön war. In diesem Moment verstand er ohne Zweifel, dass das, was er erlebte hatte, die Wahrheit gewesen war, dass Pflanzen, Bäume, Tiere und die ganze große Welt Buddha-Geist in sich haben. Er kam dann zu meinem Tempel und ging durch das Feuer meiner Befragungen, und sofort durchschritt er einige wichtige Koan."

Heshiro rief eine Tragekarre zu sich und machte sich schnell auf den Weg nach Shoinji. Der Anstieg über die Berge war steil, und sie hielten oft an, um eine Pause zu machen. Sie kamen von Okitsu durch Yuigahama; auf dem Berg gab es eine Stelle, von wo aus man den Berg Fuji mit dem darunter liegenden See Tagaura sehen konnte. Beim Anblick dieser schönen Landschaft bemerkte er: „Ich bin schon oft diesen Weg gekommen, doch noch nie hat es hier so schön ausgesehen! Es ist so wundervoll. Ich habe diese Worte schon einmal gehört – als der Buddha seine Erleuchtung erlebte, sagte er: ‚Wie wunderbar, wie wunderbar! Alle Wesen ohne Ausnahme haben von Anbeginn diesen gleichen hellen Geist, zu welchem ich gerade erwacht bin! Wie unglaublich! Die Bäume, die Vögel, die Gräser! Alle leuchten, alles ist voller Energie, die wahre Natur erhellt und strahlt durch sie hindurch!'" Er hatte gehört, dass Buddha so gesprochen hatte, als er gerade seine Erleuchtung erlebte. „Ich wusste, dass ich es schon einmal gehört hatte, und genauso sieht es aus! Gehen wir schnell weiter! Ich möchte mehr darüber hören und wissen, worum es bei dieser Erfahrung geht!"

Er ging schnell weiter zu Hakuins Tempel. Als er ankam, wurde er hereingebeten und beschrieb die Erfahrung. Hakuin sagte: „Es ist eine tiefe Erfahrung, doch sie ist noch nicht vollkommen!" Dann gab Hakuin ihm eine paar der Koan der Patriarchen. Heshiro beantwortete sie genau und ohne zu zögern, als ob es seine eigenen Fragen gewesen wären und er schon die Antwort darauf gesucht und gefunden hatte. Hakuin bestätigte ihn. „Das ist die wahre Erleuchtung, nicht bloß ein momentaner Einblick!" Hakuin sagte dies voller Zustimmung.

Heshiro war ein gewöhnlicher Mann, ohne Wissen über die Zen-Übung. Doch in zwei, drei Nächten erlebte er die Realisation. Den Sieg über die zahllosen ablenkenden Gedanken hatte er aufgrund seines festen Entschlusses und aufgrund seiner von Herzen kommenden Anstrengungen errungen.

Dieser Heshiro war niemand Besonderes; er hatte nie Buddhismus studiert und erledigte einfach jeden Tag seine Arbeit. Doch in nur drei Tagen voller Entschlusskraft war er durchgebrochen und hatte die Antwort auf die große Frage mittels eigener Erfahrung gefunden. Voller Mut geradeheraus alles durchschneidend und alle unnötigen Gedanken fortwerfend, ohne anzuhalten, ließ er sich nicht ablenken. Das ist Zen. Es ist kein Lernen und kein besonderes Wissen. Es geht nur darum, sich der inneren Lebensquelle aufzuschließen, von wo das Leben hervorkommt, diese Wurzel des Am-Leben- Seins vollkommen zu klären. Nur einen Moment. Um das tun zu können, benötigen wir geradlinigen Mut – und nur das. Es gibt nur einen Weg, wie dies getan werden kann: Man muss alles abschneiden und alles fortwerfen, ständig und nur das. Darum geht es. Wenn nicht das, was wirst du tun, wenn du am Sterben bist? Dann hilft es nicht mehr, wenn du dich beschwerst. Du musst diese entschlossenen Anstrengungen jetzt machen. Du musst darin sterben, ob du willst oder nicht.

„Den Sieg über die zahllosen ablenkenden Gedanken hatte er aufgrund seines festen Entschlusses und aufgrund seiner von Herzen kommenden Anstrengungen errungen. Wieso kannst du, Zen-Mönch, dann nicht genau diesen gleichen starken und unbewegten Geist hervorbringen?"

Hakuin sagt zu uns allen: „Warum tut ihr es nicht? Das Warten wird euch nirgendwo hinbringen! Selbst wenn ihr euer ganzes Leben dabei bleibt, ihr werdet nur Schatten folgen!"

Erleuchtung

Der grundlegende Punkt von einer jeden Religion ist, dass man eine tiefe, wahre und direkte Erfahrung der eigenen wahren Natur erlebt. Wie Kanzan Egen in seinen letzten Worten sagte: „Ich bitte euch darum, dass ihr nur an der großen Frage arbeitet." Wir können noch heutzutage an der Essenz des Buddha-Dharma teilhaben, weil jeder einzelne Patriarch mit klarer Richtung und feurigem Entschluss diese Essenz des Buddha-Dharma gut durchgekaut und verdaut hat, damit sie anderen zu essen gegeben werden und diese zur Wahrheit führen kann. Es ist die tiefe Barmherzigkeit der Patriarchen, die die Essenz bis heute für uns erhalten hat.

Religiöse Menschen haben heutzutage die berechtigte Sorge, ob die Essenz ihrer Religion noch lebendig ist. Die Suche nach dieser Essenz wird immer verworrener, und wir schauen immer noch nach außen. Wir müssen nach innen schauen und dürfen dabei nicht von uns selbst eingenommen oder stolz sein. Kanzan, der wusste, dass er eine unnötige Erklärung der nicht beschreibbaren Wahrheit gab, sagte: „Ich bitte euch darum, dass ihr nur an der großen Frage arbeitet." Der Buddha und auch Bodhidharma lehrten das gleiche. Von dieser gleichen Erleuchtungserfahrung stammt die Lehre des Dharma.

Die jungen Menschen heutzutage suchen Befriedigung in Sex, und wenn sie etwas älter werden, in Ruhm und Geld, doch wenn all diese Dinge erreicht worden sind, was bleibt dann? Wir sind einfach älter geworden und finden uns in einem Zustand der Sinnlosigkeit wieder. Wenn es keinen Bereich in unserem Leben gibt, wo die Religion lebendig ist, dann brauchen wir die Religion nicht mehr. Sex, Ruhm und Geld mögen uns Freude bringen, doch ist es nur die Freude eines Momentes. Diese Art von Freude ist vergänglich und nimmt wieder ab. Wahre Religion ist auch in diesem Moment lebendig, innerhalb eines sich nicht ändernden Ausdrucks von der Vergangenheit bis zur Zukunft – ein absolutes Zentrum, unbewegt von äußeren Umständen. Es ist natürlich gut, dass Menschen die momentanen Freuden genießen, doch wenn diese sich nicht ändernde Wurzel, diese Erfahrung des klaren Geistes nicht gleichzeitig realisiert wird, dann denken wir, wenn wir älter werden, mehr und mehr, dass unser Leben schon vorbei sei. Dies ist so, weil wir in einer Welt der Genüsse leben, statt in einer Welt voller Freude jenseits dieser zeitlich begrenzten Späße.

Egal, welchen Weg zur Wahrheit man auch wählen mag, der Ort, wo man ankommt, ist der gleiche. Wenn jemand sich ganz seiner religiösen Übung hingibt, dann braucht er sich nicht mehr wie ein Chauvinist zu verhalten. Man muss nur in diese grundlegende Frage hinein graben, um zu der tiefsten Essenz zu gelangen, dann kann man diesen Segen annehmen. Bei diesem Weg geht es nicht darum, Informationen zu sammeln, sondern darum, dass jene Antwort und jenes Wissen erlebt werden können, die nicht durch die Namen Hinduismus, Buddhismus, Judentum, Christentum und Islam eingeschränkt werden. Solange man noch an einer Sekte festhält, ist das nur ein Schatten der eigentlichen Wahrheit, eine Spiegelung einer Religion, die nicht auf einem tiefen und wahren Verstehen beruht. Das wahre Verstehen findet vor der Lehre einer Religion statt. Wir müssen diesen Ort der wahren Menschlichkeit erreichen, den Ort, wo wir dann wissen, dass die Lebensenergie jeder Person nicht anders ist als unsere eigene Lebensenergie. Dieser Geisteszustand ist jenseits jeder Erklärung und aller Worte. Man kann nicht darüber sprechen, man kann das nur durch eigene Erfahrung verstehen.

Diejenigen, die diesen Ort erlebt haben, suchen nichts mehr außerhalb ihrer selbst oder in anderen Religionen. Alle Menschen in der Gesellschaft sollten diese wahre menschliche Natur erleben – nicht Gott, nicht Buddha, nicht das Selbst, das sich nach Sex, Ruhm und Geld sehnt, sondern das, was ganz natürlich von jedem Menschen respektiert wird. Direkt diese Tiefe und die Klarheit dieser menschlichen Natur zu spüren, das ist etwas, was nicht durch kleine Schläfchen und Gähnen erreicht werden kann. Es ist auch nicht richtig, wenn man sagt: „Diese Person kann es schaffen, ich allerdings nicht." Das basiert auf einer falschen Ansicht, darauf baut eine falsche Lebenseinstellung auf.

Wenn man seine eigene tiefste Essenz klären und verstehen kann, dann kann man auch die Essenz jedes anderen Menschen verstehen. Das ist der zentrale, wichtige Punkt und die Wahrheit der Zen-Übung. Wenn wir nur für uns selbst üben, zu unserer eigenen Besserung, dann wird unsere Energie für die Übung nicht den gleichen Antrieb haben. Und warum? Weil wir nur an uns selbst denken, schneiden wir die Lebensenergie in kleine Stücke und teilen sie.

Wenn wir ein Gelübde gemacht haben, welches heiß in uns brennt, und wenn wir ganz klar spüren, dass wir üben und für andere Menschen arbeiten müssen, egal, was geschehen mag, dann wird sich uns nichts in den Weg stellen. Doch wenn unser Gelübde nicht fest ist, dann kann selbst eine Kleinigkeit zu einem großen Hindernis werden. Deswegen müssen Übende auf dem Weg zuerst und unbedingt ihre entschlossenen Gelübde ablegen. Wir geloben, dass wir weiterüben, was auch passieren mag, bis wir die Wahrheit unserer eigenen Natur erlebt und erhellt haben; und um das tun zu können, müssen wir in *Samadhi* treten. Wenn wir dieses Gelübde nicht halten, wenn wir es bloß mit einem lauwarmen Gefühl machen, dann wird es nicht funktionieren. Unser Gelübde muss vollkommen klar sein. Wenn dieses Gelübde als ein egoistischer Ausdruck daherkommt, wird es nicht funktionieren, weil das Ego nur das haben will, was gut ist. Für kurze Zeit mag ein Ego-Gelübde uns etwas Energie geben, doch diese Energie wird abnehmen. Weil eine egoistische Idee sich nur um das Selbst kümmert, stellen wir in diesem Fall die Gesellschaft hinten an und können nicht die wahre Quelle des Lebens sehen. Diese vollkommene Lebensenergie muss geklärt werden. Wenn man es nur für den Ausdruck des kleinen Selbst tut, dann ist es sinnlos. Nur weil die Lebensenergie aller Menschen die gleiche ist wie unsere eigene, hat es Sinn.

Die höchste Wahrheit des Buddha-Dharma kann nie ohne dieses tiefe Gelöbnis realisiert werden – voller Geduld und Ausdauer. Und was ist dieser Geist, dieses Gelübde? Keinen unklaren Geist zu haben ist etwas anderes, als einen sich hingebenden Geist zu haben, der die Entschlossenheit hat, bis zum Erleben der Wahrheit weiterzugehen. Man kann vor der Realität nicht fortrennen. Wieso leiden wir eigentlich alle? Es gibt heutzutage viele politische und wirtschaftliche Probleme in der Welt, doch noch grundlegender ist das Leiden der Menschen, die in ihrem Geist an nichts mehr glauben können, weil er ständig von Angst erfüllt ist. Heute glauben viele Menschen nicht mehr an einen Gott und wissen nicht, wohin sie sich wenden können. Wie leicht entstehen Beziehungen und wie leicht gehen sie wieder auseinander, wenn man sich nicht mehr versteht. Es mag vielleicht für die Betroffenen das richtige sein, aber wie steht es um die Kinder? Einige kennen noch nicht einmal ihre Eltern. Worin können sie beim Heranwachsen Vertrauen und Glauben haben? Wenn sie wissen, dass man sich nicht um ihre Geburt und ihr Leben gekümmert und gesorgt hat, woran können sie noch glauben? Wenn jede Person nur die eigene Freude und den eigenen Genuss sucht und die Probleme ignoriert, die aus dieser Selbstbezogenheit hervorkommen, wohin wird uns das in Zukunft bringen? Das ist nicht das Problem eines anderen.

Heutzutage sind selbst Kinder in der Grundschule Opfer von Drogenhändlern. Junge Menschen werden entführt und vergewaltigt. Wo sind die grundlegenden Werte der Menschen? Wenn wir nicht den wahren Geist in uns erleben, wer wird es tun? Wenn wir an das Erleben dieses tiefen Geistes glauben, wie können wir dann bei den Sorgen um unseren Hunger und um Schmerzen in den Beinen stehen bleiben? Wenn wir dies verstehen können, dann werden wir gewiss unseren Weg zur Vervollkommnung bringen. So müssen wir üben, sonst hat unser Üben keinen Sinn. Wenn wir wissen, was für alle Menschen zu tun ist, dann können wir keinen Schritt mehr zurückgehen, wir müssen weitergehen und unser Ziel erreichen. Das muss unser festes Gelübde sein. Wenn nur eine Person diesen Geist erlebt, dann geschieht dies für alle Wesen in den Zehn Richtungen! So weit müssen wir alle gehen! Wenn wir *Kensho* nicht erleben können, wenn wir Erleuchtung nicht erleben können, dann ist es nur, weil wir dieses tiefe Gelübde noch nicht gemacht haben. Es ist so, weil wir noch nicht diesen festen Entschluss gefasst haben, der es uns erlaubt, standhaft zu sein und durch alles, was auf uns zukommt, hindurch zu schreiten. Da wir uns immer entsprechend der Umstände verhalten – der täglichen Dinge, verplanten Momente, der Umstände, die wir erleben –, verlieren wir unsere Entschlusskraft. Wir machen dann nicht die Anstrengungen, die nötig sind, damit wir unser Üben vervollkommnen können. Und weil wir keine starke Entschlusskraft haben, geben wir mittendrin auf. Deswegen erleben wir *Kensho* nicht. Wenn wir wahren Mut haben und unsere Übung bis zum Ende führen, wird es funktionieren – egal, wer es vollbringt. Es gibt keine einzige Person auf der Welt, die Erleuchtung nicht erleben könnte. Wenn wir wirklich unser Leben auf die Messerschneide legen, dann kann jeder von uns es erleben. Jeder kann den ursprünglichen Geist erleben.

Die Idee von einer Erleuchtung wird da zu einem Problem, wo wir die Texte alter oder gegenwärtiger Meister lesen und uns eine konzeptuelle Vorstellung von Erleuchtung machen. Wir nehmen nur eine Erfahrung heraus und sagen: Dies möchte ich haben. Was dabei nicht betrachtet wird, sind die vielen Jahre intensiver Übung, die dieser Erfahrung vorausgehen, viele Jahre des Lernens und Abschneidens von allem, was im Geist aufkommt. Erst dann kann dieser geklärte, gereinigte Geist erlebt werden. Heutzutage nehmen Menschen Drogen, die Zustände erzeugen, welche der tiefen Meditation ähnlich sind. Doch wenn man Drogen nimmt, um diesen Zustand zu erleben, ist es, als ob man mit einem Hubschrauber auf einen hohen Berg fliegen würde. Wenn man dann oben gelandet ist, kann man die Landschaft bewundern. Doch man wird nicht um den Weg dorthin, um jeden Fußschritt beim Aufstieg auf den Berg wissen. Man wird nicht wissen, wie man den Berg alleine hoch steigen kann. Von der Sichtweise der Lehre Buddhas gesehen, hat es nicht viel Sinn, Drogen zu nehmen, um seinen Geisteszustand verändern zu können. Der Ausblick vom Gipfel mag ähnlich sein, aber ohne die einzelnen Schritte gegangen zu sein, verliert man die Möglichkeit, die Dinge über sich Selbst zu verstehen, die eigentlich das Zentrum der Übung darstellen. Menschen, die direkt auf dem Gipfel sein möchten, wollen nur diese eine Erfahrung des *Kensho*, ohne den Prozess davor zu betrachten. Sie denken, dass sie *Kensho* wollen und dass dies der wichtigste Punkt sei. Deswegen wird Erleuchtung als etwas von diesem Prozess Getrenntes betrachtet. Richtig gesehen ist sie nur ein nächster Schritt in einem langen, fortdauernden Prozess.

Jemand, der Bogenschießen übt, geht durch einen ähnlichen Prozess. Am Anfang steht man der Zielscheibe gegenüber, man legt einen Pfeil in den Bogen, und schießt, doch man wird kaum treffen, vor allem nicht in das Zentrum der Zielscheibe. Doch indem man es immer und immer wieder tut, immer und immer wieder den gleichen Prozess durchläuft, lernt und die Form perfektioniert, wird man ganz langsam besser und versteht, wie man das Ziel am besten treffen kann. Während man so übt, wird der Pfeil das Ziel immer häufiger treffen. Dieses Reifwerden, dieses Sich-Gewöhnen an die Weise des Schießens geschieht ganz natürlich und von alleine. Ohne Selbstbewusstsein hinein zu geben, lernen wir, besser damit umzugehen. Doch während wir uns in diesem Prozess befinden, sind wir uns dessen nicht bewusst.

Genauso ist es mit dem Üben. Wir folgen dem *Sussokan* und denken uns: Was für einen Sinn könnte es haben, den Zahlen zu folgen? Was ist dieser Atem überhaupt? Obwohl er zu uns gehört, verstehen wir ihn doch nicht. Und selbst wenn wir langsam damit umzugehen lernen, so sind wir noch nicht damit zufrieden. Man kann nie ganz so atmen, wie man es gerne möchte. Der unruhige und schnelle Atem wird langsam ruhiger, gesetzter und klarer. Man entwickelt einen vollen und angefüllten Geisteszustand. Der Geist wir klarer und schärfer in seiner Qualität. So übt man weiter, das Gelübde haltend und ohne aufzuhören, nachdem man diese Erfahrung gemacht hat.

Wenn der *Sussokan* ganz tief geworden ist – sowohl der Atem wie auch der Geist – dann kann man mit der Arbeit an den Koan beginnen und seine ganze Energie hineinlegen. Wenn es nicht mit der ganzen Energie gemacht wird, dann ist das Zählen der Atemzüge nur eine leere Wiederholung, oder das Koan ist eine mechanische Frage. Doch wenn man diesen Punkt verstehen kann, kann man das Koan wie ein Schwert zum Durchtrennen der Gedanken benutzen, dann kann man leicht von morgens bis abends weiter üben, es immer und immer wiederholen, bis man nicht mehr weiß, wo man ist oder was man gerade getan hat – kein bisschen Selbst-Bewusstsein bleibt zurück, wenn man sich so vollkommen dem einen hingibt. Man spürt seinen eigenen Körper nicht. Wenn der Geist wahrlich klar ist, verschwindet auch der Schmerz in den Beinen. Der Atem, das Zählen, auch sie verschwinden. Nur der klarste Geist bleibt, ohne einen Schatten von Bewusstsein.

Der höchste Ort des Bewusstseins wird *Samadhi* genannt. Beim Erleben des Buddha-Geistes muss man dort hindurch schreiten. Wir lassen alle dahinfließenden Gedanken los, die unseren Geist anfüllen. Wir sammeln unseren intensiven Fokus und schneiden durch alle alten Konditionierungen, durch Dualismus und unnötige Informationen, bis diese sich nirgendwo mehr anhaften können. Wir werden vollkommen klar und ruhig, ohne ein Gefühl von Körper oder Selbst. Joshu nannte diesen Geisteszustand *Mu,* weil man nur dies sagen kann; nicht, weil da eine Bedeutung in dem Geist liegt, sondern weil dieser Geisteszustand nicht anders zum Ausdruck gebracht werden kann. Dieser Geisteszustand wird immer tiefer, bis selbst jenes *Mu* verschwindet. Das müssen wir auch erleben. Wir sehen scharf, dann verlieren wir etwas den Fokus, dann erkennen wir wieder schärfer. Unsere innere Essenz wird stärker, wird weniger und wird wieder stärker und klarer, doch können wir während dieses Prozesses nicht aufgeben. Wir müssen diese Essenz so weit erleben, bis kein Bewusstsein von Hören oder Sehen bleibt, nur vollkommene, ruhige Klarheit. Zuerst müssen wir diesen *Großen Tod* erleben, den Ort, wo es kein Innen und kein Außen mehr gibt. Doch selbst das ist es noch nicht. Wir müssen sehen, von wo das Universum hervorkam, sonst haben wir das Buddha-Dharma noch nicht erlebt. Wir müssen vollkommen in diesen Ort hinein sterben. Wenn wir dies erleben, werden wir wiedergeboren – unser gereinigtes Bewusstsein wird wiedergeboren. Wie Mumon Ekai sagte: „Dann plötzlich bricht dieser ruhige Ort auf und erschüttert den Himmel und bringt die Erde zum Zittern.“ Wir werden noch einmal geboren, die Berge werden neu geboren, die Sterne werden neu geboren, die Flüsse werden neu geboren, die Menschen um uns werden neu geboren. Unser Geist ist das ganze Universum und voller Erstaunen, voller Freude. Als der Buddha den Morgenstern sah, war er erfüllt von Freude und Entzücken. Genauso erlebte es Hakuin, als er die Morgenglocke hörte. Und als Kyogen den Stein am Bambus hörte, erlebte er diese Freude ebenso. Alle erlebten sie dieses tiefe Entzücken. Und wo dies so klar ist, gibt es nichts, wovor man sich fürchtet. Es gibt da auch keine Vorstellung von einem Gott oder Buddha, es gibt keine Patriarchen, die uns einschüchtern können, keine Worte, mit denen gespielt werden müsste.

Wenn man mit seinem tiefen Gelübde weiter üben kann, nie die Intensität verringert, nicht aufgibt, alles hineintut, dann werden alle Wünsche, Illusionen und Anhaftungen abfallen. Im eigenen Geist kann man die wahre Natur erleben. Man kann die tiefe Quelle von Zen und Buddhismus erleben. Von der eigenen Erfahrung her kann man diese wahre Essenz in jedem Aspekt sehen, von der eigenen Lebensenergie hervorkommend und sich klar zeigend. Man kann es direkt erleben, wie die eigene Lebensenergie sich durch das gesamte Universum ausbreitet. Man kann tief in sich um das Einsein von der eigenen Lebensenergie und der Lebensenergie aller Menschen wissen. Man weiß, nicht intellektuell, sondern ganz direkt, dass alle Wesen die gleiche Wurzel haben.

Jeder kann diese Erfahrung machen. Die wahre Natur kann erlebt werden, wenn man alles loslassen kann. Sich darüber Gedanken zu machen hilft nicht viel. Während man noch in dieser Welt ist, sollte man an nichts festhalten – kein Anhaften an Eigentum, an Schmerzen, an Plänen, an materiellen Dingen, an egozentrischen Meinungen, an jeglichem Schmuck. Wenn du wahrlich deinen Geist so reinigen kannst, dann ist dies allein schon eine unglaubliche Erfahrung, voller Entzücken. Darin liegt große Freude, und es wird uns mit Dankbarkeit erfüllen, wenn man sie zum ersten Mal bemerkt.

Dies kann nicht in Worten erklärt werden. Es ist wie die Luft um uns herum. Wer erinnert sich daran, dankbar für diese Luft zu sein? Wir alle nehmen sie als selbstverständlich hin. Niemand bemerkt die Luft oder denkt daran, sich dafür zu bedanken, aber egal ob wir sie bemerken oder nicht, sie ist immer da. Einige werden sich dieser Freude, dass sie immer davon umgeben sind, gewahr. Sie kennen Dankbarkeit und Freude mit jedem Atemzug. Wenn sich jemand der Erfahrung von Erleuchtung rein intellektuell nähert, dann wird jeder Tag voller Unzufriedenheit und Leiden sein, weil man diese Freude nicht erleben kann, indem man nur darüber nachdenkt.

Wenn man wahrlich erwacht ist, dann sind es die langen Jahre der Bemühungen und des Übens gewesen, die im Erwachen zu unserer wahren Natur mündeten. Sobald wir es verstehen, ist es schon realisiert. In diesem Moment, in diesem Augenblick, zu diesem Zeitpunkt. All die Hindernisse, die bis dahin unseren Geist eingeengt haben – die Meinungen, dass Dinge so und so sein sollten, die dualistischen Ideen –, fallen in diesem einen Moment ab und verschwinden vollkommen. Dieses Erwachen kommt sowohl langsam als auch plötzlich. Diejenigen, die alles fortwerfen können, können es jeden Tag erleben. Denjenigen, die es nicht können, egal wie viele Dinge, wie viele Konzepte, wie viele Methoden sie auch sammeln mögen, wird es nicht passieren. Dieser Prozess dreht sich darum, wie wir unser tägliches Leben leben können, es geht dabei darum, was uns wirklich wichtig ist. Es geht darum, wie viel wir loslassen können, wie wir die Freude des Nicht-Habens erleben können, die Rückkehr zum eigentlichen Geist. Dies wird uns zur Erleuchtung führen. Jeder muss dies für sich selbst tun, vollkommen. Besonders in der heutigen Welt, in der wir ständig von zu vielen Informationen überschüttet werden, ist diese Haltung des Abschneidens aller Probleme von der Wurzel her das Allerwichtigste. Wenn wir dies tun, dann wird es möglich sein zu erwachen, direkt zu verstehen, was der Wert des menschlichen Lebens und unseres eigentlichen Geistes ist.

Arbeit und Gesellschaft

In der heutigen Gesellschaft mit dem immer weiter entwickelten Gebrauch der Technologie, wird vieles von Computern organisiert. Wir alle kommunizieren durch Computer und erhalten Informationen durch Computer. Unser Leben wird von Computern beeinflusst und wir fühlen uns sicher dabei. Wenn wir uns nicht gut fühlen, gehen wir zum Arzt und erhalten Medizin, was uns beruhigt. Auch in den zwischenmenschlichen Beziehungen suchen wir alle Sicherheit inmitten der Turbulenz und Komplexität der heutigen Welt, in der wir leben.

So unsicher ist diese Ära, dass alle nach Sicherheit in allem suchen, was sie tun. Anders gesagt: Getrennt von der Realität rennen unsere Gedanken immer vor unseren Handlungen in diesem Moment fort. Inmitten dessen bedeutet Zen: ruhig und gleichmäßig arbeiten, *Daikon*-Rettiche und grünes Blättergemüse anpflanzen, den Garten rechen, Unkraut jäten. Indem wir dies tun, können wir die Wahrheit in allem erleben. Der lebende Puls des Lebens, das alles vereint, wird hier realisiert. Zen bedeutet, mit dem ganzen Körper zu schwitzen. Selbst wenn man sich in der traurigsten und schwierigsten Situation befindet, ist es wichtig, unbewegt zu sein und immer den Geist von Zen zu stärken.

Rinzai Zenji lehrte uns dies ganz direkt, da er inmitten großer wirtschaftlicher Unruhe und religiösen Aufständen während der Tang-Dynastie lebte. Überall wurden Tempel und Buddha-Statuen zerstört und die Sutra-Bücher verbrannt. Religiöse Personen mussten ihre Arbeitsstellen verlassen, Verrat und Korruption waren an der Tagesordnung. Es gab überhaupt nichts im politischen Gebilde oder in der Gesellschaft, an das man glauben konnte. Gott und Buddha, die eine Zuflucht oder Glauben hätten bringen können, gingen im Chaos unter, genauso wie das, zu welchem jeder erwachen sollte: Die wahre Person ohne Rang in diesem Lumpen aus Fleisch, dieser Sack, der blutet, wenn man ihn anschneidet, dieser physische Körper, mit dem wir von morgens bis abends Zeit verbringen. Die wahre Person ohne Rang, jenseits von Beschreibungen oder Meinungen, die einzige in Himmel und Erde, nur ein Mensch – ist es nicht dort, wo die wahre Qualität des Mensch-Seins gefunden werden kann, das, was nicht gemessen werden kann von den Menschen? Rinzai wies uns an, zu diesem wahren Geist zu erwachen.

Zen setzt Arbeit an die erste Stelle, doch handelt es sich nicht um eine alte Form von *Samu*. *Samu:* Alle arbeiten gemeinsam, das ist die Basis des Zen-Lebens. Und was darin erlebt werden muss, ist die menschliche Qualität, die alle Menschen vereint. Wenn es kein direktes Erwachen gibt, dann handelt Zen nur von reiner Arbeit und die Lehre verliert ihr Leben. Während der Arbeit muss dies poliert werden und der Mensch sich als solcher weiterentwickeln können. Dort kann die Essenz von Zen gefunden werden.

Dogen Zenji ging im Alter von 24 Jahren nach China. Im Alter von 28 Jahren gab er sein Üben in China auf und kehrte nach Japan zurück. Als er bei seiner Rückkehr gefragt wurde, was er gelernt habe, sagte er: „Nur dies: Die Sonne geht am Morgen im Osten auf, unsere Augen sind horizontal und unsere Nase ist vertikal. Dies habe ich klar verstanden. Niemand ist davon ausgenommen. Mit leeren Händen bin ich gegangen, mit leeren Händen bin ich zurückgekommen. Es wurde kein einziges Wort des Dharma gesprochen. Die Sonne geht im Osten auf, der Mond geht im Westen unter, der Hahn kräht im Morgengrauen und alle vier Jahre kommt ein Schaltjahr."

Dogen Zenji brachte keine besondere Buddha-Statue zurück, vor der man sich hätte verbeugen können. Er brachte kein besonderes Sutra-Buch mit, nichts von hohem kulturellem Wert. Er kam wahrlich mit leeren Händen. „Genau hier und jetzt bin ich lebendig!" Dieses klare Verstehen seiner eigenen Lebensenergie, nur dieses Verstehen war es, was er tief erlebt hat. Diese gleiche Lebensenergie geht als Sonne am Morgen im Osten auf und geht im Westen unter. Alle vier Jahre ist ein Schaltjahr. Nur diese direkte Wahrheit gibt es. Etwas mit dem schönen Namen „Buddha-Dharma" kannte er nicht. So sprach Dogen Zenji. Er sprach über den natürlichen, offensichtlichen Weg zu leben, so wie die Dinge einfach sind.

So wie es ist, unser Wesen direkt hier, lebendig in diesem Moment. Wir können diese Wahrheit erleben, dieses natürliche Verstehen. Getrennt davon gibt es nichts, was man Buddha-Dharma nennen könnte. Wenn wir die direkte Lebensenergie nicht kennen, dann werden wir auch nie etwas, was man Buddha-Dharma nennt, finden können. Beim Dharma geht es nicht ums Verstehen und den Intellekt. Beim Buddha-Dharma geht es ums Leben und darum, wie wir es leben. Getrennt vom eigentlichen Leben gibt es kein Dharma. Für einen Mann gibt es den Sinn eines Mannes; für eine Frau gibt es den Sinn einer Frau. Wir sind alle gleich als Menschen, doch haben wir unser eigenes individuelles Leben zu leben, wir haben unsere eigenen individuellen Qualitäten. Eltern haben ihre bestimmte Weise und ihren Sinn im Leben, Kinder haben ihren eigenen Sinn. Menschen müssen so handeln, wie es natürlich und passend für sie und ihre Situation ist. Lehrer haben ihre Sichtweise, und wissen, wie sie was machen wollen. Die Schüler haben ihre besondere Weise, mit kreativen und einfallsreichen Bemühungen, die das bestmögliche Schülerdasein und Lernen hervorbringen. Dinge so zu tun, wie sie offensichtlich und natürlich sind – ein anderes Dharma gibt es nicht.

Während der Edo-Zeit lebte ein Priester namens Sengai in der Gegend von Kyushu, Hakata genannt. Jemand bat ihn um eine Kalligraphie, die man zur Neujahrsfeier aufhängen könne, und er schrieb:

Eltern sterben
Kinder sterben
Enkel sterben

Die Leute, für die er diese Kalligraphie geschrieben hatte, sagten: „Das ist nicht gerade passend zu Neujahr! Über den Tod zu sprechen ist nicht sehr feierlich!“ Priester Sengai antwortete mit einem kühlen Gesicht: „Was meint ihr damit, dass es nicht feierlich sei? Eltern sterben, Kinder sterben, Enkel sterben – was könnte natürlicher und feierlicher sein als dies? Es ist ein großes Glück, wenn es nicht anders herum geschieht!“ So erklärte er es. Der Lauf der Natur kommt auf diese klare und einfache Weise zum Ausdruck, und wenn wir Dinge so sehen und sie so annehmen, ist das die wahre Basis der Menschheit.

Heutzutage jedoch geht dieser natürliche und einfache Weg des Sehens und Seins verloren. Dogen Zenji sagte, dass der Hahn krähen und das Morgengrauen ankündigen würde, doch heutzutage können wir kaum noch einen Hahn hören. Wenn es nicht aus besonderen Gründen ist, so braucht niemand einen Hahn. Wir benutzen Eier in unserem Leben, doch diese Eier stammen von Hühnern, die in Brutställen leben, einhundert, zweihundert, eintausend, zehntausend in einer Reihe, und sie werden nur am Leben gehalten, damit wir unsere Eier bekommen. Die Welt der Hühner, die unsere Eltern und Großeltern kennen, als jeder noch ein Hühnergelände hatte, die Hühner und der Hahn gackernd herumliefen, die Kinder deren Geräusche hörten, während sie die Eier einsammelten – das kann man heutzutage nur noch selten sehen.

Früher wurde aus jedem gelegten Ei ein Huhn. Heutzutage werden aus den gelegten Eiern keine Hühner mehr, denn die Hühner sind nur noch Eierlegemaschinen, nichts Natürliches mehr. Auch wir, die wir diese Eier erhalten – auch unsere Natürlichkeit ist verschwunden. Wir sehen keine Kühe, Ziegen und Kücken mehr zwischen den Bäumen auf der Wiese. Diese einfache und natürliche Welt wurde von einer Welt der Technologie und der Annehmlichkeiten des Lebens ersetzt. Eines nach dem anderen verschwinden natürliche Dinge aus unserem Leben.

Einer der berühmtesten Zen-Texte ist der Text des Ochsenhütens. Der Ochse wird in Indien als ein heiliges Wesen betrachtet, als Diener Gottes. Er wird sowohl von den Hindus als auch von den Buddhisten verehrt. Heutzutage denken wir an einen Ochsen nur als eine Quelle von Fleisch und Milch. Früher jedoch war der Ochse unsere eigenen Hände: Er half beim Pflügen des Feldes, beim Rechen, beim Bepflanzen und beim Ernten. Ohne den Ochsen konnte die Ernte nicht erhalten werden. Wir vergaßen nicht, dass der Ochse ein Tier war, aber er war auch ein guter Freund und lebte unter unserem Dach, und man kümmerte sich um ihn, auf dass er nicht krank würde. Man gab dem Ochsen zu essen bevor man selbst aß, und man hielt den Stall sauber. Der Ochse war wertvoll und man konnte sich auf ihn verlassen. Als die industrielle Revolution begann, übernahmen Maschinen den Platz des Ochsen, das umsorgte Tier verschwand – und gleichzeitig auch all die Dinge, die wir von ihm gelernt hatten. Maschinen lehren uns nicht, wie man mit etwas liebevoll umgeht. Der Ochse, der so geduldig unsere Arbeit getan hatte, lehrte uns diese Geduld. Wie ein Ochse leben, nicht oberflächlich, ruhig unsere Arbeit tun, mit Tiefe und Geduld – wie viele von uns haben einen Ochsen in der Nähe, von dem sie das lernen könnten?

Kanzan Egen sagte: „Der Ursprüngliche Geist ist groß und rund, wieso fallen wir in Dunkelheit und Verwirrung?" Alle haben den gleichen Geist wie Buddha und von Geburt an eine klare Buddha-Natur. Wenn es wirklich so ist, wieso sind wir verwirrt? Das ist die Herausforderung von Kanzans Frage. Als Junge ging Dogen Zenji zum Lernen auf den Berg Hiei, und Kanzans Bemerkung war seine eigene Frage. „Der Ursprüngliche Geist ist groß und rund, wieso fallen wir in Dunkelheit und Verwirrung?" Von Anbeginn sind wir alle Buddhas, warum sind wir dann verwirrt? Dogen stellte solche Fragen, doch niemand konnte ihm antworten. In der Nähe des Berges Hiei lebte der Priester Eisai Zenji, der gerade aus China zurückgekommen war. Dogen wurde gesagt, dass Eisai Zenji in China Zen geübt hatte und dass er verstünde. So gab sich Dogen dem Zen-Weg unter Eisai hin.

Unser eigentlicher, wahrer Geist, unsere wahre Natur und unser wahres Selbst, so wie es ist, wird im Buddhismus „der Große Spiegel-Geist" genannt. Unser eigentlicher Geist hat keine Form und keine Gestalt. Der alles umarmende Geist ist wie ein Spiegel, das ganze Universum nimmt er auf und alle möglichen Formen können in ihm widergespiegelt werden. Rinzai Zenji lehrte deutlich, wie ein Spiegel genau das reflektiert, was vor ihm ist und keine Spuren hinterlässt, wenn der Gegenstand nicht mehr da ist. Das ist der klare Geist und die eigentliche Natur jedes Menschen: ins Feuer gehen, ohne zu verbrennen; ins Wasser gehen, ohne nass zu werden; in die Hölle fallen und sich so zu fühlen, als ob es ein angenehmes Spiel sei. An nichts haftend, können wir sehen, und ohne uns verwirren zu lassen, können wir hören. Es so zu erleben, als ob wir auf einer Reise die Landschaft betrachten würden – das ist der Geist Rinzais, das ist das Zen Rinzais. Die Sammlung von Rinzais Worten, *Rinzai Roku*, lehrt uns, wie wir im täglichen Leben damit umgehen können: Kein zweites oder drittes *nen* (Gedankenmoment) zu dem ersten natürlich aufkommenden Gedanken hinzugeben. Das ist mehr wert als eine zehn Jahre lange Pilgerreise. Wenn diese *nen* aufkommen, sie ziehen zu lassen, ohne einen weiteren Gedanken hinzuzutun. Wenn man ärgerlich ist, es so sein lassen. Wenn man glücklich ist, es so sein lassen. Wenn man traurig ist, es so lassen.

Egal, wie viel wir auch haben, wir wollen immer mehr. Diese Begierden, die immer mehr wollen und nicht das loslassen können, was schon da ist, all diese Anhaftungen müssen abgeschnitten werden, sonst wird es viel Schmerz im Leben geben. Wenn wir dieses Anhaften abschneiden, wissen wir zum ersten Mal um Frieden im Herzen. Wir verschwenden so viele Gedanken an unsere Kinder, an unsere Körper – all das muss abgeschnitten werden, oder wir werden nie frei sein. All unsere Gedanken müssen fortgeworfen werden. Dieser Hauch von Gedanken, die immer hin und her fliegen, wir müssen sie loswerden und zu dem klaren, wahren Geist erwachen, den wir alle in uns haben. So gelangen wir zur Befreiung unseres Geistes.

Gedanken abzuschneiden bedeutet nicht, dass wir uns zwingen, nicht zu denken. Wir sollten damit keine Zeit verschwenden. Es bedeutet nur: Wenn du ärgerlich bist, dann ist es so – Abschneiden.

Wenn man glücklich ist, dann ist es so – Abschneiden. Immer und immer wieder. Wenn man so leben kann, dass man bei keinem Gedanken stehen bleibt, dann wird das von größerer Wichtigkeit sein, als zehn Jahre auf Pilgerreise zu gehen. Jeder Tag wird frei von Anhaftungen und Hindernissen sein. Wenn wir in der Übung der Freiheit leben können, dann ist das mehr wert als zehn Jahre Zazen im *Zendo*. Dies ist die tiefste Lehre des Zen: Die Lebensweise, die an überhaupt nichts festhält.

In den zehn Bildern des Ochsenhütens wird unser klarer Geist von einem Ochsen repräsentiert. Die Bilder beginnen dort, wo man zum Bodhisattva-Geist erwacht. Mit Hilfe der Lehre Buddhas können wir alle Gedanken loslassen, selbst jene, die wir mit großen Anstrengungen angesammelt haben. Wir können dann sehen, dass die Wurzel des Geistes unsere wahre Quelle ist. Wenn dieser klarer und klarer wird, sehen wir die Spuren des Ochsen. Wir graben und graben, bis nichts mehr in unserem Geiste ist, bis wir zu dem Ort kommen, wo wir den Ochsen zähmen können. Wir denken, dass dies unser klarer Geist ist, doch werden wir noch von der Art der anderen Menschen bewegt und von dem, was wir sehen und hören. Dieser Geist muss immer behütet sein, damit er ruhig und ausgeglichen ist. Sobald wir gelernt haben, mit dem Ochsen umzugehen, können wir den Ochsen nach Hause reiten. Wenn wir unser tägliches Leben leben und von diesem unschuldigen Ort her sehen und hören, können wir mit dem Ochsen in seiner natürlichen Umgebung sein und uns zuhause fühlen. Doch benötigen wir den Ochsen noch. Irgendwann brauchen wir den Ochsen nicht mehr. Wir brauchen dann nicht mehr darüber nachzudenken, wie wir unseren Geist ausrichten, dies geschieht ganz natürlich. Es gibt weder Ochse noch Selbst, um die wir uns kümmern müssten. Das Erleben hier ist die Quelle des Geistes, des Geistes von Gott oder Buddha, doch ist es noch nicht absolut. Jetzt müssen wir zurück in die Welt gehen. Wenn wir hier stehen blieben, würden wir das Leiden der Welt ignorieren und nur unser eigenes Glück beschützen. Deswegen ist das zehnte Bild so wichtig, wo wir inmitten der Gesellschaft alle gemeinsam leben.

Das ist der Ort von Kanzans Koan: „Der ursprüngliche Geist ist groß und rund, wieso fallen wir in Dunkelheit und Verwirrung?“ Von diesem leeren Geist sehen und hören und bewegen und sprechen und gehen und fühlen wir mit unserem ganzen Körper. Wir können uns nicht von der Realität trennen. Wir sind immer noch Menschen, doch ob wir verwirrt sind und an dieser Realität haften oder nicht, das ist entscheidend. Diejenigen, die ihr kleines Selbst losgelassen haben, können von der Welt nicht mehr in die Verwirrtheit geführt werden. Sie verlieren ihr Anhaften. Sie befinden sich in der gleichen Welt, doch es besteht ein riesiger Unterschied: Sie wechseln von der Welt der Anhaftung in die Welt der Realität. Doch selbst hier ist es noch nicht vollkommen. Wir müssen zu den leidenden Menschen gehen und mit ihnen schwitzen und arbeiten, ihre Situationen und Erlebnisse teilen; gleichzeitig lassen wir uns nicht von diesen Situationen fangen. Das ist der Geisteszustand der Rückkehr zum Marktplatz mit offenen Händen, dorthin zurück, von wo wir losgegangen waren – obwohl es eigentlich überhaupt nicht dort ist, wo wir unseren Weg begonnen haben.

Es mag scheinen, als ob wir ein Narr geworden seien, es ist jedoch nur so, dass wir an nichts haften. Wir begeben uns in eine Beziehung, doch haften wir nicht daran – wir bleiben weit offen und frei und nicht-haftend. Dieser Ort muss erlebt werden, oder es ist nicht die Welt des Buddha-Dharma. Wenn es noch einen Hauch von einem kleinen Selbst gibt, dann kommt sofort Anhaftung hervor, und von dort kann man niemandem bei der Befreiung helfen. Wir müssen ständig daran arbeiten, wie wir uns selbst loslassen können. All unser Hass und unsere Ablehnung, die auf unserem kleinen Selbst basieren, müssen vergessen und losgelassen werden, genauso wie all die Gedanken, die wir als schwer und belastend empfinden. Wir müssen loslassen und die Welt so sehen, wie sie ist. Mit neuen Augen müssen wir die Dinge immer so sehen, wie sie sind. Und um dies tun zu können, müssen die Augen offen sein. Wenn die Augen aller Menschen mit dieser Sichtweise funktionieren würden – wie hell und freudig würde diese Welt! Zen bedeutet nicht, verantwortungslos zu sein und die Situation zu ignorieren. Es geht darum, dass wir selbst nicht von den Dingen in unserem Geist gefangen werden, immer frei sind, immer nicht-haftend, und diesen Geist loslassen, der immer und immer wieder über eine bestimmte Situation schweift, sie immer wieder neu überdenkt. Wenn wir einander vergeben könnten und einander mit einem offenen Herzen sehen könnten, auch die eigenen Fehler betrachten, demütig und tief auf unser eigenes Verhalten schauen, dann wäre das Leben miteinander wunderbar.

Jeden Moment, jedes Treffen mit einer Person frisch zu erleben – das ist der religiöse und spirituelle Lebensweg. Das kann nicht plötzlich vollbracht werden. Die Welt des Geistes kann nicht in einem Moment plötzlich erlebt werden. Wir verbringen unser ganzes Leben mit diesem Geist, und damit wir diesen Geist klären und reinigen können, haben wir unser Leben. Dies aus ganzem Herzen und aufrichtig zu tun ist unsere Verantwortung im Leben. Das müssen wir tun, genauso wie der Ochse sich weiter anstrengt, bis die Arbeit erledigt ist.

Wenn wir nicht achtsam sind, dann sehen wir unser Zazen und die Gesellschaft als etwas Getrenntes. Wenn wir zu unserem täglichen Leben zurückkehren und unseren Zazen-Geist nicht mitbringen, wird er schwächer. Wir treffen unsere Freunde und gehen in die Stadt, und unser Zazen-Geist verschwindet. Das ist nicht die Bedeutung von wahrem Zazen. Egal, wie viel wir mit unseren Freunden reden und egal, wohin wir gehen, inmitten dieser Handlungen muss unser Geist immer den Ort finden können, zu dem er zurückkehren kann. Wir müssen an diesem Ort immer kreativ, einfallsreich und frei von einem Schatten arbeiten. Diese Essenz darf nicht losgelassen werden, sonst ist es kein wahres Zazen.

Für die meisten von uns ist die Müdigkeit des Geistes viel größer als die Müdigkeit des Körpers. Die Müdigkeit unseres Körpers wird vergehen, wenn wir uns ausruhen, aber selbst wenn wir uns ausruhen, wird die Müdigkeit des Geistes nicht vergehen. Wenn wir unter der Schwere eines „Ichs“ leiden – einer Anhaftung und Meinung, basierend auf der Idee eines „Selbst“ – dann zerdrücken wir viele Dinge in der Welt. Es ist, als ob wir jeden Tag in der Welt herumrennen und unnötiges Gewicht hinzufügen würden. Und wenn wir durch die Übung des Zazen schwerer und dunkler werden, dann üben wir falsch, dann suchen wir etwas in der Ferne. Beim Zazen geht es nicht darum, dass wir dunkel werden und uns schlecht fühlen, sondern darum, dass wir verstehen, dass es nichts in der Ferne gibt, was wir suchen müssten. Stattdessen müssen wir jeden Tag das Unnötige abschneiden. Je mehr wir dies tun, umso heller und frischer werden wir. Langes Zazen lässt uns hell und leichter aussehen. Der wichtige Punkt ist nicht, kompliziert über die Koan nachzudenken. Koan sind so geschaffen, dass sie nicht intellektuell gelöst werden können. Darin sind sich alle Koan ähnlich. Mittels der Koan schneiden wir einfach alles ab und lassen nichts zurück. Und auch mit dem *Sussokan* schneiden wir alles ab. Wir denken darüber nach, wie gut unser Zazen heute ist, aber was ist, wenn es morgen schlecht ist? Was passiert dann? Wir benutzen die Koan, um unnötige Gedanken abzuschneiden und kommen dann zu dem Ort, über den Bodhidharma sagt: „Nichts Heiliges, nur Leere!“ Wir können dies zum Beispiel tun, indem wir essen, ohne ein

Selbst zu spüren, uns also auf das Essen freuen, was es auch sein mag.

Wenn wir wahrlich klar und hell in unserem Geist sind, dann können wir nirgendwo in dieser Welt hängen bleiben. Wir können frei und offen handeln und voller Freude sein. Von unserem Körper kommt ein helles Licht hervor. Auch wenn wir die Freude aufgeben, schöne Kleider zu tragen oder die besten Essensgänge zu uns nehmen – wenn wir diesen klaren und reinen Geist erleben und dann eine geflickte Robe tragen, ist diese, so wie sie ist, ein prachtvolles Kleidungsstück. Wir essen Hafer und Reis mit eingelegtem Gemüse, das einfach und klein aussehen mag – doch für uns ist es ein Festessen mit hundert verschiedenen Geschmäckern. In diesem Sinne nehmen wir alles an, was auf uns zukommt.

Takuan Zenji war ein berühmter Zen-Meister. Er hatte einen Schüler, der einen berühmt gewordenen Text über *Kendo* (den Weg des Schwertes) schrieb. Dieser Text heißt *Fudôchi Shinmyô Roku* („Sammlung über den unbeweglichen Geist"), in dem er die Techniken der Schwertkunst beschreibt. Die ersten Worte des Titels bedeuten: Unbeweglich. Dies heißt nicht, wie ein Stein zu sein, fest, unbeweglich, so fest, dass man uns nicht bewegen könnte. Es bedeutet eher, in jedem Moment frei und flexibel zu sein. In diesem Sinne ist der Geist unbeweglich.

Takuan erzählte seinem Schüler: „Du bist ein Meister des Schwertes. Wenn du übst, dann achte auf Folgendes: Du darfst nicht der Bewegung des Schwertes folgen. Du darfst nicht der Bewegung des Geistes folgen. Du darfst nicht der Bewegung des Körpers folgen. Du darfst nicht gewinnen wollen. Du darfst nicht verlieren wollen. Du musst deinen Geist vollkommen öffnen." Sich vollkommen dem Himmel und der Erde öffnen, alle Gedanken loslassen und vor dem Gegner stehen. Bevor er sich bewegt, kann man es schon sehen. Bevor er sich bewegt, kann man seine Bewegung aufhalten und handeln. Das ist der Weg eines *Kendo*-Meisters, und Takuan Zenji wusste das. Der Geist wird nicht von äußeren Dingen, von äußeren Geschehnissen bewegt. Weit und klar, in jedem Moment immer wieder neu. Das ist der Geisteszustand eines *Kendo*-Meisters. Das ist der Geist von Zazen.

Wir suchen immer irgendetwas außerhalb, was uns Sicherheit geben kann. In der Welt von Heute haben wir viele Techniken erlernt, um Informationen und Wissen zu sammeln. Wir denken, dass es unsere Pflicht ist, dies zu lernen und jenes anzusammeln. Sogleich glauben wir, dass wir unsere Aufgabe erfüllt haben. Doch dauert unsere Unsicherheit nicht an? Technologien und Informationen werden mit jedem Tag mehr, doch nimmt nicht auch unsere Unsicherheit zu? Was auch immer unsere Anstrengungen sein mögen, egal, wie viel wir lernen und wie sehr wir uns anstrengen, dieser Ort der Unsicherheit besteht fort. Manchmal scheint die Unruhe gar zu wachsen.

Den unbeweglichen Geist, *fudôchi,* kennen zu lernen, der sich überhaupt nicht bewegt, der sich nicht auf angesammeltes Wissen stützt, der alle Erlebnisse unserer Sinnesorgane loslässt, der in unseren Augen und Ohren frei von Schatten, offen und sichtbar ist – das ist unsere wahre Verantwortung. Dies ist genau das, was heutzutage wichtig ist. Mit *Sussokan* arbeiten, mit den Koan arbeiten, stehen, sitzen, Sutren rezitieren, essen, von morgens bis abends, von abends bis morgens, so üben wir weiter, bis nur noch der letzte Ort bleibt, nur das *Mu* – uns bemühend, weitergehend, alles Selbst-Bewusstsein, alle Dinge, an denen wir haften, alle Schatten fortwerfend, bis wir zu einem weiten, großen Geist kommen. Nicht nur das *Zendo* erfüllend, sondern wie der Geist Buddhas werdend, der Geist Bodhidharmas, der Geist aller Götter, der Geist des gesamten Universums, der präsent ist und mit uns sitzt. Das ist der wichtige Punkt unserer Übung. Das ist unsere Verantwortung.

Wir üben mit *Mu,* doch nicht mit dem Wort *Mu*. Es ist das Leben, das manifestiert wird, wenn wir dem Wort *Mu* folgen. Wenn wir das erlebt haben, können wir unsere Beine bewegen, unsere Arme bewegen, wir können „Guten Morgen" sagen – alles wird zu *Mu*. Unsere Sinne sind ganz geöffnet – in dieser lebendigen Übung erleben wir alles als *Mu*. Ob es der Baum im Garten ist, der Mülleimer, der Besen – alles wird zu *Mu*. Wenn wir darüber nur nachdenken und uns überlegen, wie es sein sollte, dann ist es nur Verwöhnung, Faszination. Zen muss lebendig sein, in der Gegenwart, in jedem Moment und in jedem Atemzug, oder wir verschwenden unsere Zeit.

Wenn wir diesen Ort frei von einem Schatten und einem kleinen Selbst erleben können, den Geist frei von Wirrwarr, dann finden wir die wahre Quelle aller Buddhas, die eigentliche Quelle aller Menschen und die Wahrheit des Universums. Die Wahrheit Bodhidharmas, Buddhas, aller Patriarchen muss genau diese Wahrheit sein. In dieser Wahrheit gibt es kein Leben und keinen Tod. Wenn wir zu unserem wahren Geist erwachen, zu dem Ort, wo es keine Anhaftung an ein kleines Selbst oder an der Idee eines Selbst gibt, dann können wir den Buddha-Geist und Bodhidharma-Geist direkt erleben. Wenn wir ihn erleben, kennen wir auch den Ort jenseits von Leben und Tod aus unserer eigenen Erfahrung. Wenn wir diesen Ort gefunden haben, der jenseits von Leben und Tod liegt, dann wird alles, was wir erfahren, als Wahrheit erlebt. Wir sehen nicht die Blume oder den Mond, die Sonne, die Bäume, die Berge von gestern – wir sehen alles frisch und zum ersten Mal.

Wenn wir uns von der Herrschaft unserer eigenen egoistischen Wünsche befreien können, dann können wir unser weit offenes inneres Auge benutzen, um klar das Leiden und die Verworrenheit der Gesellschaft zu sehen. In diesem Sinne und anstatt in unserer eigenen kleinen Welt zu bleiben und uns mit Grenzen zu beschützen, können wir aus offenem Herzen die verwirrten Herzen der Menschen in der Gesellschaft sehen. Dann wissen wir, dass wir etwas tun müssen, um sie zu befreien. Wir werden verstehen, dass dies unser eigenes Problem ist und dass unsere eigenen Probleme die Probleme der Gesellschaft sind. Wir können dies ganz genau sehen, und wir werden nicht weiter die Probleme der Gesellschaft von uns weisen, um unseren eigenen Interessen nachzukommen. Wir möchten dann inmitten der Menschen arbeiten und sie befreien. Wir müssen unsere Anstrengungen hinein geben, ganz tief in unserem Geist das Gelübde machen, dass wir alle Wesen befreien werden, dass niemand zurück gelassen wird, und dass wir unsere Lebensenergie, ohne es zu bereuen, gerne für diese Aufgabe geben.

In der Gesellschaft können wir nicht unsere Arbeit und unser Leben in der Familie aufgeben. Wenn wir all dies hinter uns lassen, um uns nur der Übung zu widmen, würde das bedeuten, dass wir uns nicht unserer Verantwortung in der Gesellschaft bewusst sind. Wenn wir unsere Übung so weit fort führen, dass nur noch das Bewusstsein des Universums bleibt, weit und unendlich, wo es kein Selbst mehr gibt, dann erfüllen wir damit unsere Verantwortung. Wenn wir all die Schatten loslassen, wenn unsere Gedanken alle gereinigt sind, dann haben wir wahrlich die Verantwortung in der Gesellschaft erfüllt. Wenn wir dann zur Arbeit gehen, dann kümmern wir uns um jene Verantwortung. Zuhause bei unserer Familie kümmern wir uns um unsere Verantwortung dort. Es ist unsere Aufgabe, so an unserem Geist zu arbeiten, und wenn wir dies tun, werden wir erfahren, dass sich die Welt in einer neuen Weise öffnet und wir alles mit den Augen Buddhas sehen können.

Fragen und Antworten

Frage: Wie kann man bei der Zen-Übung vom Herzen des Lebens berührt werden? Wie kann man das Herz des Mitgefühls erleben?

Antwort: Diejenigen, die ganz ernsthaft die Zen-Übung betreiben, tun dies mit der Möglichkeit zur Erleuchtung. Sie spüren, dass etwas in der Welt getan werden muss, und sie tun es. Solche Menschen versuchen, barmherzig, im Moment, liebend, in der Gegenwart zu sein, ohne etwas außerhalb ihrer selbst zu suchen. Sie spüren, dass sie sich entwickeln müssen, und kommen zur Zen-Übung. Sie haben frustrierende Erfahrungen gemacht im Hinblick auf Liebe und Barmherzigkeit, weil sie die Quelle des Geistes nicht kennen, die es ihnen ermöglichen würde, diese vollkommen zum Ausdruck zu bringen. Zen-Übung zielt auf das Erleben der Erleuchtung hin und nimmt als Grundlage, dass die Übenden die Notwendigkeit für Barmherzigkeit spüren.

Sie kommen nach Sogenji, um in dieser Entwicklung noch einen Schritt weiter zu gehen. Sie wissen, dass es notwendig ist, doch wissen sie nicht, wie sie es zum Ausdruck bringen können, deswegen kommen sie für diese besondere Art der Übung. Sie möchten die Quelle der Liebe und Barmherzigkeit kennen, doch egal, was sie auch versucht haben, sie können sie nicht finden. Wie steht es um die Erfahrung des Geistes, aus dem diese Dinge eigentlich kommen sollten? Wie kann man auf diese Quelle treffen, wenn man nicht genau weiß, was sie eigentlich ist? Es ist, als ob der Fuß juckt und man sich nur auf dem Schuh kratzen kann. Was kann man tun, wenn man barmherziger sein möchte, wenn man in diesem Moment leben möchte, wenn man die tiefen Gefühle zum Ausdruck bringen möchte, und man kann es einfach nicht? Wie kann man es lernen?

Ich lehre diesen Weg, wie man es am besten realisieren kann, aus meiner eigenen Erfahrung. Beim Üben kommt man leicht an einen Punkt, wo man die Notwendigkeit für mehr Energie, mehr *Ki* verspürt. Man versucht, barmherziger zu sein und bemerkt, dass es nicht so einfach ist, weil das Ego immer im Weg steht. Oder man versucht, im Moment ganz präsent zu sein und irgendetwas versperrt einem den Zugang. Sich genau um diese Dinge zu kümmern, die einen daran hindern, sein Bestes zu sein, ist der wichtigste Punkt beim Üben in Sogenji.

Thich Nhat Hanh und der Dalai Lama zum Beispiel sprechen oft zu großen Gruppen über Barmherzigkeit, da die Menschen daran erinnert werden müssen – so wie auch die Übenden in Sogenji immer noch präsenter sein und vom Herzen her leben müssen. Wir arbeiten in diese Richtung, das ist auch unser Ziel. Ich bin mir jedoch recht sicher, wenn Thich Nhat Hanh und der Dalai Lama ihre eigenen Schüler unterrichten, dann sind sie genauer und strenger mit ihnen. Für diejenigen, die einen offenen Weg in ihrem Leben suchen und die mit dem Verstehen der inneren Übungen beginnen, ist das Praktizieren von Barmherzigkeit sehr wichtig. Doch wenn man dann in die Ecke getrieben ist und nicht weiter weiß, braucht man eine etwas strengere Lehre, die die Zen-Übung anbieten kann. Ein Mönch in Sogenji, der sehr intensiv bei der Übung war, verließ Sogenji, um sich um einen an AIDS sterbenden Freund zu kümmern. Nachdem dieser Freund gestorben war, gab es den nächsten Patienten, und dann noch einen. Sein dritter AIDS-Patient wurde ganz verrückt und musste in eine geschlossene Anstalt gebracht werden. Der Mönch konnte damit nicht umgehen. Er hatte geübt und war darauf vorbereitet, und dann fand er sich doch in einer Situation, in der er sein *Mu,* sein Zentrum, nicht halten konnte. Ihm wurde klar, dass er noch nicht genug geübt hatte, er hatte noch nicht tief genug gegraben, um die wahre Barmherzigkeit, das Herz, die Gegenwärtigkeit zu finden; deswegen kam er zum Üben zurück, um wieder in Kontakt mit der inneren Essenz zu kommen. Er war damals drei Jahre in Sogenji gewesen, doch hatte er noch nicht tief genug gegraben, um diesen Ort zu kennen, der ihn mit den notwendigen Dingen hätte ausstatten können.

Frage: Wie kann all diese Energie und dieses *Ki* der Zen-Übung sich plötzlich in Barmherzigkeit wandeln?

Antwort: Es wird erst zu einem Problem, wenn man ein anderes Verständnis von *Kensho* hat, wenn man denkt, dass es eine übernatürliche Regenbogen-Erfahrung ist. Allzu leicht nimmt man die Vorstellung von Erleuchtung, Barmherzigkeit, Liebe, fühlendem Herz der Traurigkeit und sieht sie als ein Konzept. Anstatt es einfach zu erleben, legen die Menschen einen weiteren Schatten, eine weitere Vorstellung darauf; sie stellen sich vor, wie es sein sollte. Sie denken, dass sie liebevoll sein sollten – deswegen sind sie liebevoll, egal wie sie eigentlich fühlen. Sie sind vielleicht ärgerlich und wütend, doch versuchen sie trotzdem zu lieben, weil sie denken, dass sie so sein sollten. Selbst wenn sie die Barmherzigkeit nicht spüren, so sagen sie zu sich selbst, dass sie barmherzig sein sollten.

Wenn Liebe und Barmherzigkeit nicht natürlich aus dem klaren Geist hervorkommen, wird der natürliche Geist nur unterdrückt, und dass ist genau das, was man sich nicht antun will. Am Ende wird man unter den Auswirkungen leiden. Die Gefühle, die unterdrückt werden, werden nur verdeckt von den Vorstellungen. Sie werden nicht verschwinden, nur weil man die Vorstellung hat, dass man eher Liebe und Mitgefühl und Barmherzigkeit spüren sollte. Deswegen ist es so wichtig, den klaren Geist zu erleben. Wenn man den klaren, tiefen, eigentlichen Geist erlebt, dann kommen Gefühle wie Liebe und Barmherzigkeit natürlich und spontan hervor, sie sind nichts Auferlegtes. Liebe eher als Hass, Barmherzigkeit eher als Engstirnigkeit – doch sie entwickeln sich natürlich aus dem Geist der Klarheit, der jene Weisheit mit sich bringt, wie man diese Dinge zum Ausdruck bringen kann. Wenn man vom klaren Geist her handelt, dann wird man noch nicht einmal darüber nachdenken, ob dies Barmherzigkeit ist oder nicht. Dieser klare Geist, aus dem diese Emotionen natürlich hervorkommen, muss erlebt werden, bevor wir diese Emotionen ehrlich zum Ausdruck bringen können.

Es passiert häufig, dass man etwas zum Ausdruck bringt, von dem man denkt, dass es Barmherzigkeit sei. Obwohl man denken mag, dass man das Richtige tut, werden Gefühle unterdrückt, die man glaubt, nicht haben zu dürfen. Der Mönch, der mit AIDS-Patienten arbeitete, sagte, sterbenskranke Menschen, die sich ihrem Ende näherten, seien am gemeinsten und hässlichsten genau zu den Menschen, die sich um sie kümmerten. Man mag denken, dass diejenigen, die den Patienten am meisten geben, auch am meisten Liebe von den Kranken erleben. Sie werden stattdessen aber aus Ärger und Frustration über die Unkontrollierbarkeit des Lebens von den Kranken geschlagen und bedroht. In solchen Augenblicken kommen unterdrückte Gefühle hervor.

Wenn man diesen geklärten Ort nicht erlebt, wird man nur aus einer Vorstellung von Barmherzigkeit heraus handeln statt aus wahrer Barmherzigkeit. Dies führt uns zu dem zurück, was Menschen wissen müssen: Wie kann man den klaren Geist, der in uns ist, erleben? Er muss ständig direkt erlebt und ausgedrückt werden, nicht nur in der Erfahrung eines Momentes, die dann alle Probleme für den Rest des Lebens lösen soll. Es ist wichtig zu wissen, wohin wir uns wenden können, um diesen klaren Geist zu erleben. Dann kann man konstant in diesem klaren Geist sein und ganz natürlich diese Barmherzigkeit zum Ausdruck bringen.

Deswegen lehre ich, dass es nicht darum geht, barmherzig oder nicht barmherzig zu sein, sondern darum, zu dem Ort zu gehen, wo es noch nicht einmal ein Bewusstsein davon gibt, dass man barmherzig ist, wo dieser Geist also von alleine hervorkommt.

Frage: Wie wird Leiden in Zen definiert? Wie kann ich als Krankenschwester jemandem helfen, der leidet?

Antwort: Leiden kann eingeteilt werden in Leiden des Körpers und Leiden der Psyche. Das Leiden des Körpers kann von der Medizin erkannt und behandelt werden, doch psychisches Leiden ist subjektiv und anders für jeden Einzelnen, deswegen kann man es nicht klassifizieren. Menschen in helfenden Berufen können jemandem zuhören, der leidet, doch kennen sie auch dann das Leiden nicht selbst, weil die Beschreibung des Leidens und Schmerzes so unterschiedlich sein kann.

Von Anbeginn – im Buddha-Geist oder klaren Geist – gibt es kein Leiden. Der Spiegel, der die Flammen eines Feuers widerspiegelt, wird nicht heiß. So ist es auch mit unserem eigentlichen Geist. Wie ein klarer Spiegel erlebt er keinen Schmerz und keine Gefühle, er kann nur widerspiegeln. Der Spiegel ist immer klar. Diejenigen, die dies verstehen und den Schmerz als etwas „Gottgesandtes“ annehmen können oder die eine andere innere Sichtweise haben, die ihnen dabei hilft, das Leiden aufzulösen, sind der Erfahrung des klaren Herzens sehr nahe. Sie werden auch den Schmerz sehr viel weniger intensiv erleben. Sie sind dem Geisteszustand des Spiegels sehr nahe, doch auch das kann man nicht messen, genauso wenig, wie man die Schönheit einer Blume messen kann.

Was jedoch wichtig ist und was die Krankenschwester mit dem Patienten verbindet, ist die subjektive Meinung. Wenn man eine Blume sieht und nur an die rote Farbe der Blume denken kann, dann sieht man nur einen Aspekt der Blume. Wenn wir einer Person zuhören und nicht „null“ sind, dann hören wir der Person mit unseren eigenen Meinungen als Basis zu. Wenn wir als Patient über unseren Schmerz sprechen und nicht klaren Geistes dabei sind, dann werden wir diesen körperlichen Schmerz als wahres Leiden erleben.

Die einzige Methode jedoch, wahrlich den Schmerz von einem Menschen zu nehmen ist, ihm dabei zu helfen, die wahre Quelle aller Dinge – und somit auch des Leidens – zu realisieren. Alle anderen Wege, sei es durch medizinische Behandlungen oder durch

Geschenke, sind nur momentane Linderungen und bieten keine wahre Heilung. Wir müssen die Leidenden dabei unterstützen, dass sie die Quelle von allem erleben können – das, was vor dem Leiden kommt. Was uns dieser Quelle näher bringt, ermöglicht uns, das Leiden und die Wurzel davon und damit auch die Heilung zu sehen.

Frage: Wie würdest du spirituelle Pflege beschreiben?

Antwort: Der wichtige Punkt der spirituellen Pflege ist, dass man sie nicht geben kann. Was man für sich und die andere Person tun kann ist, so viel wie möglich fortzunehmen. Doch geben kann man nichts. Wenn alles, woran die Person haftet, genommen wurde, dann ist diese Person der „Null“ und dem klaren Geist am nächsten. Dann hält man nicht mehr am Schmerz fest, und auch nicht an den Dingen, die Schmerz und Leiden mit sich bringen. Die spirituelle Pflege besteht darin, dass man einer Person so viel wie möglich von dem fortnimmt, was sie vom Erleben des Geistes der „Null“ fernhält.

Frage: In dieser Welt, wo immer nach etwas Besonderem gesucht wird, z. B. neuen Fortschritten in allen Bereichen, was ist da das Besondere an Zen?

Antwort: Die Idee des Besonderen kommt vom „Amerikanischen Traum“. Wir befinden uns in einem Zeitalter, wo die Menschen zwischen einer Vielfalt von Dingen und den Arten, wie sie ihr Leben leben möchten, wählen können. Sie denken darüber nach, was sie tun möchten, und sie glauben, sobald sie so viel wie möglich an materiellen Dingen angehäuft haben, würde es keine Probleme mehr in ihrem Leben geben. Dies ist eine Zeit vieler Probleme in Bezug auf den Geist, weil auch Erleuchtung als ein weiteres Ding gesehen wird, das man besitzen kann. Sie möchten diesen einen Aspekt von Zen haben, auch wenn sie nicht den Weg kennen, auf dem sie dorthin kommen.

Die Lehren Buddhas kennen eine große Weite und Spanne. Von seiner ersten bis zu seiner letzten Lehrrede zeigte Buddha den Menschen Wege, wie sie zu derselben Erfahrung, die er hatte, kommen konnten.

Genauso gibt es einige Menschen, die verstanden haben, dass Erleuchtung nichts Besonderes ist; sie können den langen Prozess erkennen, der damit verbunden ist. Andere jedoch sehen nur diese eingerahmte Erfahrung und sagen: Ich möchte dies bitte einmal erleben. Sie denken, dass Erleuchtung etwas Besonderes sei, und sie möchten das Ergebnis dieses Prozesses erlangen, ohne sich der Bemühungen des Prozesses bewusst zu sein. Es ist ein Problem, wenn man nur einen kleinen Teil sieht und nicht den Prozess der Übung.

In der ganzen Welt gibt es viele Menschen, die noch nicht einmal etwas über Erleuchtung gelesen haben. Im *Lotus-Sutra* steht: „Nehmt alles an, nehmt alle schwierigen Aspekte an, nehmt alles an!“ Für jemanden, der wohlhabend ist und angenehm lebt, mag es leicht sein, alles anzunehmen. Dieses Annehmen wird allzu leicht zu einem Konzept des Annehmens, so dass man seine Zähne zusammenbeißt und sagt: „Ich nehme es an, ich nehme es an.“ Auch wenn wir noch nicht diesen Geist haben, der alles annehmen kann, so wissen wir doch, dass wir in diese Richtung gehen müssen.

Den Menschen, die eine Kartoffel für ihre Mahlzeit brauchen, ist es egal, ob sie alles annehmen sollten oder wie ihr Geist dabei sein sollte – sie wollen nur eine Kartoffel. Sie haben kein Interesse daran, ihren eigenen Geist zu verstehen. Die spirituellen Wünsche der Menschen auf diesem Planeten sind sehr unterschiedlich. Wenn wir uns die Amerikaner anschauen, die sich alle materiellen Wünsche erfüllt haben: Was ist ihr größtes Problem? Es ist das Problem ihres Geisteszustandes. Sie haben mittlerweile ihre materiellen Wünsche befriedigt, doch wie gehen sie mit ihrem Geist um?

Wenn man über Erleuchtung redet und dabei nicht durch den Prozess des Erlebens geht, dann kann man nicht verstehen, worum es bei diesem Prozess geht und was notwendig ist. Der erste Schritt jedoch ist zu wissen, dass man dies wirklich tun möchte; dann kann man damit beginnen zu lernen, was man als nächstes tun muss. Jeder versucht es zuerst mit einem dualistischen Unterton: Ich werde jetzt barmherzig sein und dann dieser Vorstellung entsprechend handeln. Ich werde liebevoll sein und dann der Vorstellung entsprechend handeln. Wenn man es jedoch versucht, wird man merken, dass es so nicht funktioniert. Dann wird dieser unklare Versuch langsam klarer, bis man zu dem Ort kommt, wo man wahrlich die Lehre Buddhas verstehen kann.

Man muss dies mit einem weiten Horizont betrachten, um zu begreifen, was die Menschen brauchen. Man kann nicht jemanden die Feinheiten dieses Weges lehren, der gerade erst auf dem Weg begonnen hat und den Prozess des Weges erst einmal verstehen muss. Weil Menschen diese Erfahrung wollen, aber nicht wissen, wie sie dorthin kommen, machen sie den ersten Schritt auf dem Weg.

Frage: Wenn jemand seinen klaren Geist oder Buddha-Natur erlebt, ist dies das gleiche wie das Bewusstsein von Christus im Christentum? Führen all die unterschiedlichen spirituellen Traditionen zu dem gleichen hohen Ort oder zu unterschiedlichen Orten?

Antwort: Im Buddhismus wird das Wort Dharma benutzt. Dharma ist der Weg, auf dem das Universum sich bewegt, vor unseren Ideen und jenseits unserer Ideen, ständig reflektierend, sich selbst jedoch nicht reflektieren könnend. Dies ist der Ort des Erlebens der Buddha-Natur oder das Bewusstsein von Christus, zum Beispiel. Die Art dieser Erfahrung weist darauf hin, dass sie in allen Traditionen die gleiche sein muss. Es gibt nur eine Wahrheit. Es gibt nur eine bestimmte Erfahrung, und wenn man am Ort des klaren Sehens ist, dem Ort, der reflektieren, jedoch nicht zurückschauen kann, da er keinen Dualismus und keine Trennung beinhaltet, dann kann es keine Unterschiede zwischen den Erlebnissen der verschiedenen Religionen geben. Diese Erfahrung ist genau gleich in allen Religionen und kann nicht beschrieben werden. Die Erfahrung jenseits von Worten und Erklärungen, die nicht in den Worten einer bestimmten Tradition beschrieben werden kann, ist die Essenz einer jeden Religion.

Ohne eine Leinwand gibt es kein Bild, ohne eine Leinwand kann kein Film gezeigt werden. Doch über diese Leinwand, auf der kein Bild ist, über diese Leinwand, auf der nichts vorgeführt wird, über die Tafel ohne Schrift – über diesen Geisteszustand sprechen wir hier. Sobald er beschrieben oder ausgedrückt wird, ist es so, als ob man Farbe auf die Leinwand täte. Wir sprechen hier jedoch über das, was davor ist.

Wenn man in diesem Geisteszustand ist und ihn beschreiben möchte, dann gibt es keine Möglichkeit des Bewusstseins, ihn beschreibend zu betrachten, weil der Moment des Erlebens ohne dualistische Anschauung ist. Es gibt Werkzeuge, die dem nahe kommen – Gebete oder *Sussokan* oder Koan –, und diese Werkzeuge sind ein Teil des Prozesses, der zu diesem Geisteszustand führt, doch wenn dieser Geist einmal erlebt wurde, spüren wir unseren Körper nicht mehr, obwohl wir einen Körper haben. Wir sitzen in einem Zimmer, doch sind wir uns dessen nicht bewusst. Wir haben vollkommen alle Möglichkeiten verloren, es dualistisch und unterscheidend zu betrachten. Es ist nicht so, dass nichts existiert, doch ist nur dieser Geist bewusst, der mit einem Spiegel verglichen werden kann. Selbst vollkommen leer, alles widerspiegelnd, der Geist der „Null".

Dies sind alles wiederum nur Erklärungen. Doch über diese Erfahrung sprechen wir hier, bei der es kein dualistisches Bewusstsein hinsichtlich der Relativität der Dinge gibt.

Frage: Wenn ich das Bewusstsein des Raumes und meines Körpers verloren habe, wie kann ich dann den Tag über herumlaufen? Wie kann ich meine Arbeit tun, wenn mein Geist vollkommen leer ist? Wie kann ich an meinem Leben teilnehmen, wenn mein Geist so leer ist?

Antwort: Ganz so ist es nicht. Dies ist etwas, was mit dem rationalen Geist schwer zu verstehen ist, doch werde ich immer danach gefragt. Was ich beschrieben habe, trifft auf die direkte Erfahrung des Buddha-Geistes oder Christus-Bewusstseins zu. Sie hilft uns dabei, die Anhaftungen an das Ego loszulassen. Wenn wir die Essenz dieser Buddha-Natur erleben, wenn wir sehen, dass wir dieser klare Geist sind, dann können wir viel leichter durch unseren Tag gehen. Wenn wir diesen Ort erleben, wo wir frei sind von den Vorstellungen und Ideen eines Egos, so heißt dies nicht, dass wir alle bisherigen Erfahrungen verlieren. Wir haben immer noch die gleichen Gehirnzellen, und das Gelernte wird noch gespeichert sein. In diesem Sinne werden wir nicht wie Babys oder wie leere Seiten. Alles was wir gelernt haben, erlebt haben, wird uns immer noch zur Verfügung stehen. Jetzt haben wir jedoch die Wahl, ob wir die Dinge durch einen Ego-Filter sehen möchten oder nicht. Wir können das Beispiel einer Linse nehmen, die man säubern kann, wenn sie verschmutzt ist. Wenn wir wissen, dass wir eine klare Sicht haben, dann können wir unser Ego nutzen, doch wir können uns auch entscheiden, davon frei zu sein. Weil wir nicht mehr daran haften, können wir es entsprechend der Notwendigkeiten nutzen. Wir haben auch die Wahl, alles ohne Anhaftung an ein kleines Selbst direkt zu erleben, ohne den beurteilenden Ego-Filter, durch den wir so oft Dinge sehen.

Genauso wird oft gefragt: Wenn man die Dinge so betrachtet, wenn man das kleine Selbst losgelassen hat, ist es dann nicht schwer zu wissen, wie man etwas tun sollte, wie man in dieser Welt leben sollte? Das Gegenteil davon trifft zu. Wenn man nicht mehr an dem kleinen Selbst haftet und sich nicht mehr Sorgen darum macht, dann erlebt man alles von dem Ort, den man auch beim Erleben der Buddha-Natur oder des Christus-Bewusstseins erfährt, als ob etwas durch einen hindurch lebt. Wenn der Ego-Filter da ist, sehen wir alles sehr eng. Wenn wir ihn loslassen, kommt eine größere Weisheit, ein größeres Bewusstsein, eine größere Fähigkeit zu handeln hervor, und wir können in jedem Moment präsent sein. Es braucht Zeit, bis wir lernen, wie wir dieses Ego loslassen können, doch sobald wir einmal diese Freiheit geschmeckt haben, macht es uns weniger Angst, es loszulassen, und wir können es zulassen, dass das größere Bewusstsein durch uns lebt. Wenn wir in jedem Moment das Ego loslassen können, dann ist es nicht so, dass wir nicht handeln können, sondern wir sind vielmehr voller Weisheit. Wir können handeln und uns auf vielfältige Weise verhalten, da wir nicht mehr an Ideen haften, dass die Dinge so und so sein sollten. Diese Leere kann man nicht intellektuell verstehen. Es handelt sich um einen Zustand des Freiseins von Ego – doch erfüllt von dem, was durch uns kommt, wenn wir frei von Ego sind.

Frage: Gibt es so etwas wie Wiedergeburt oder Wandern der Seelen?

Antwort: Buddhismus ist keine Religion, wo die Kraft außerhalb zu finden ist. In einer Religion, wo die Kraft außerhalb zu finden ist, wird einem versprochen, dass man im nächsten Leben oder nach dem Tod in den Himmel kommt, wenn man in diesem Leben der Führung Gottes folgt, oder dass man in die Hölle kommt, wenn man dies nicht tut. Im Buddhismus gibt es diese Hölle und diesen Himmel nicht. Buddhismus schreibt die Schaffung der Dinge keinem Gott zu, sondern einer Ursache und ihrer Wirkung. Egal, wohin man geht, egal, welchen Schwierigkeiten man sich gegenüber sieht, es gibt eine Ursache dafür. Durch diese Ursachen werden karmische Verbindungen erzeugt. Durch verschiedene karmische Verbindungen haben deine Eltern geheiratet, und von dort kamst du hervor. Das hat keine Verbindung mit einem Gott.

Vom Standpunkt der Wissenschaft gesehen tauchte Leben auf diesem Planeten vor einigen Billionen Jahren auf. Vor ungefähr einer Million Jahren kam das menschliche Leben hervor. Seit diesem Zeitpunkt haben sich die Menschen immer weiter vermehrt bis zum heutigen Tage. So sehen es die Wissenschaftler. Natürlich ist Buddhismus nicht so wie die Wissenschaft, doch beruht auch die Wissenschaft auf Ursache und Wirkung. Nichts wird von einem Gott hervorgebracht. Wenn man glaubt, dass Gott das nächste Leben bestimmen wird, oder dass er entscheidet, ob man in Himmel oder Hölle kommt, dann wäre das alles eine Entscheidung Gottes.

Die Idee von der Wiedergeburt und die Ansicht hinsichtlich des nächsten Lebens hängen davon ab, was die Menschen in ihrem jetzigen Leben sehen. Warum ist diese Person so? Wie kann jene Person so unfreundlich sein? Wenn man darüber nachdenkt, erscheint es so, als ob die Persönlichkeit jedes Menschen von etwas in seiner Vergangenheit oder in einem anderen Leben geprägt wurde. Das ist natürlich. Die eine Person wird in eine reiche Familie geboren, die andere in eine arme. Die eine Person ist intelligent, die andere dumm. Wir können dies überall sehen. Jeder möchte gerne in eine reiche Familie geboren werden, niemand möchte der Arme sein. Wenn man es analysiert, kann man sehen, dass man aufgrund von Schwierigkeiten in der Vergangenheit jetzt mit diesen Problemen konfrontiert wird. Wenn wir unsere Vorfahren sehen, dann erkennen wir, dass alles von den Eltern zu den Kindern über viele Generationen weitergegeben wird. Deswegen ist es nur natürlich anzunehmen, dass alles auf Ursache und Wirkung beruht. Da gibt es nichts Mysteriöses. Weil es so erscheint, als ob es eine Zukunft gebe, wird es auch eine Vergangenheit geben müssen und anders herum. Wir leben in diesem ständigen Fließen des Lebens, immer wieder auftauchend.

Das heißt nicht, dass es so etwas wie eine Seele gibt. Wenn wir es im Hinblick auf diesen individuellen Körper betrachten, dann wissen wir alle, dass wir sterben werden. Wir alle wissen, dass das, was geboren wird, auch sterben muss. Im Buddhismus sprechen wir nicht über eine getrennte Seele oder davon, dass sie in einem anderen Körper wiedergeboren wird. Wir betrachten das Leben vom Fluss des Lebens her. Wenn man das Leben aus dieser weiten Perspektive betrachtet, haben alle das gleiche Leben. Alle sind ein Teil der gleichen Kraft. Eine Form stirbt, doch das Universum bleibt nicht stehen.

Geboren werden, existieren, wieder zerstört werden, sterben und dann wieder geboren werden, so funktioniert es. Das Leben ist eine große Welle der universalen Existenz, ein weites, ununterbrochenes Fließen des Lebens, nicht nur ein individueller Körper. Der Geist hat nur eine einen Stecknadelkopf große Sichtweise, wenn er fragt: „Werde ich als ein Schwein oder als ein Affe wiedergeboren?“ Dies ist die Sichtweise, die auf getrennten Formen basiert, auf einer Wiedergeburt in einer anderen kleinen Form. So ist es nicht. Der Unterschied zwischen einem Schwein und einem Affen ist nicht wichtig in diesem universalen Fließen. Alles ist ein Teil des gleichen Lebens, und diese bestimmten Formen sind nur konkrete Erscheinungen des großen Flusses.

Im Buddhismus hört man viel über das Rad der Geburt und des Todes. Diese Lehre bestand in Indien schon vor der Zeit Buddhas. Wenn wir von diesem Rad sprechen, dann meinen wir diesen ununterbrochenen Fluss des Lebens. Im alten Indien hatte dieses Rad des Lebens und des Todes sechs unterschiedliche Stufen, die in einem Zyklus aufeinander folgten und sich ständig wiederholten. Diese sechs Welten oder Stufen waren die Hölle, die hungrigen Geister, die ärgerlichen Götter, die Tiere, die Menschen und die himmlischen Wesen.

Besonders im tibetanischen Buddhismus hört man viel von Wiedergeburt, über den Zyklus der Wiedergeburt, und wir fragen uns, was das bedeutet. Doch ich denke, dass der Buddha damit meinte, dass wir in jedem Moment in diesem klaren Geisteszustand leben sollten. Wir brauchen nicht bis zum nächsten Leben und abhängig davon, wie wir das jetzige leben, zu warten, bis wir diesen klaren Geist erfahren können. Ob wir jeden Moment aus diesem erwachten Geist leben oder ob wir das vernebeln, was der Buddha uns lehrte, ist der wichtige Punkt. In keinem Sutra steht, dass wir ein nächstes Leben haben werden oder dass wir diese sechs Welten erleben, wenn wir wiedergeboren werden. Es könnte sich um verschiedene Aspekte der Gesellschaft handeln, um unser jetziges Leben, um unsere verschiedenen Geisteszustände.

Oft denkt man: Ich kann dieser Person nicht vertrauen, ich kann meinem Nachbar nicht vertrauen, ich glaube nicht an das, was jene Leute sagen. Es gibt keine schlimmere Hölle, als wenn wir unseren Mitmenschen nicht vertrauen können. Und dann geschieht es manchmal, dass wir ohne Grund irritiert werden und jemanden beleidigen, während wir keine Kontrolle darüber haben, was wir tun. Das sind die Gefühle der ärgerlichen Götter. Wir haben genügend zu essen, wir haben alles, was wir brauchen, und wir möchten immer noch mehr haben. Diese Art des Habenwollens ist die Welt der hungrigen Geister. Manchmal tun wir etwas, worüber wir uns schämen, doch wir können niemandem davon erzählen – das ist die Welt der Tiere. Manchmal betrachten wir unsere Taten, empfinden Reue und möchten uns ändern. „Ich hätte das nicht sagen sollen.“ Oder: „Ich wünschte, ich hätte das nicht getan.“ Das ist die Welt der Menschen. Manchmal vergessen wir uns selbst vollkommen, wenn wir Musik genießen, Sport üben oder einem Hobby folgen, das uns vollkommen einnimmt – das ist die Welt der himmlischen Wesen.

Wenn man klar seinen eigenen Geist sieht, dann erkennt man, dass die Welten der Hölle, der hungrigen Geister, der ärgerlichen Götter, der Tiere, der Menschen und der himmlischen Wesen im eigenen Geist zu finden sind, dass wir ein Werkzeug dafür sind. Doch das Ego-Bewusstsein ist sehr schwer und zieht uns immer nach rechts und nach links. Man mag denken, wenn das kleine Ego sterbe, würde das Leben enden, dass es dann nichts mehr gebe, was noch lebte. Doch diese Sichtweise ist nicht richtig.

Nichts wird wirklich verschwinden, nichts wird sterben. Das Fließen des Universums, so wie es ist, weit und unendlich – diese Kontinuität ist die Substanz unseres eigentlichen Körpers. Durch unsere Erfahrung der Klarheit und Ruhe können wir dies als uns selbst erleben. Auf natürliche Weise manifestiert sich das Ego-Bewusstsein ständig in immer anderen Formen. Sie alle sind ein Teil des großen, weiten Flusses des Universums. In Wirklichkeit gibt es noch nicht einmal ein Ego, welches wiedergeboren werden kann. Nur weil man an ein getrenntes Selbst denkt, soll es auch eine Wiedergeburt geben. Man mag annehmen, dass man durch die sechs Welten wandere, doch das universale Selbst ist nicht so klein und beschränkt. Es ist weitester Raum, unendliches Ausdehnen. Das ist, was wir sind!

Alle Probleme, die es in der Gesellschaft gibt, existieren, weil die Menschen an ein getrenntes Selbst glauben. Die Vorstellung der Wiedergeburt hilft uns dabei, die Idee eines Selbst loszulassen. Es ist ein Werkzeug, das uns dabei hilft, diese einschränkende Vorstellung eines Selbst loszulassen, anstatt uns Sorgen zu machen, was in Zukunft mit uns passieren wird, oder es als eine Entschuldigung in der Art zu benutzen, dass wir für unser jetziges Leben keine Verantwortung trügen.

Man kann viel Zeit mit Nachdenken verschwenden, warum etwas passiert ist und warum diese Person so und so ist, aber es macht keinen Sinn und hat nichts mit Buddhismus zu tun. Die Idee der Wiedergeburt kann uns dabei helfen, die Einschränkungen des jetzigen Lebens loszulassen – nicht, damit wir ein besseres Leben haben, sondern damit wir sehen, dass das Konzept des Lebens eines getrennten Selbst mit all seinen Problemen nichts mit der Weite des Fließens des Universums zu tun hat. Man kann Probleme kalkulieren, sich ängstigen und sich Gedanken machen, in was für eine Familie man wohl geboren werde, doch all dies verwirrt und ist eine selbstbezogene Sorge, die nur während dieses Lebens existieren kann. In der Weite und Unendlichkeit des Universums macht all das keinen Unterschied. Es ist offensichtlich, dass individuelle Formen hervorkommen und wieder sterben, doch leben wir nicht in unserer kleinen Welt. Wir leben in der zirkulierenden Energie der Menschheit.

Buddhismus fordert, dass man solch einschränkende Konzepte überwindet wie den Glauben, ein getrenntes Selbst in diesem weiten Universum zu sein. Erwache zu diesem reichen, weiten und überfließenden Fluss – der Welt des Zazen! Wenn man die Idee eines kleinen Selbst loslässt, wird man zum ersten Mal verstehen, dass dieses kleine Selbst ein Ausdruck von diesem weiten Universum ist, ein Teil einer Landschaft. Indem man das Konzept eines getrennten Selbst loslässt und gestattet, dass das unnötige Denken abfällt, kann man zum ersten Mal die Größe und Weite des Universums selbst erleben. Man weiß dann, dass es keine Geburt und keinen Tod gibt.

Wenn ich sage, dass es keine Geburt und keinen Tod gibt, meine ich nicht, dass es da keine physische Geburt und keinen physischen Tod gibt, sondern dass Leben und Sterben ein Teil des Fließens des Universums sind. Wir können dies in unserem Geist erleben und haben dann keine Furcht mehr. Dies wiederum bedeutet nicht, dass wir keine Angst hinsichtlich des Todes verspüren oder dass wir uns nicht einsam fühlen werden, wenn eine uns nahe stehende Person stirbt. Es bedeutet, dass wir um unser Wiedersehen in irgendeiner Form wissen, obwohl wir gerade getrennt sind. Wir werden uns auf eine andere Weise wiedersehen, also das Zusammenkommen in einem größeren Sinne erleben.

Frage: Der Buddha lehrt, dass alle Menschen gleich sind, dass wir alle, so wie wir sind, perfekt sind. Wieso beruht das Kloster auf einem traditionell hierarchischen System? Wie kannst du das erklären?

Antwort: Es ist wichtig, dass man die Gleichheit der Menschen von einem Ort der inneren Essenz her sieht, nicht von einem Ort der äußeren Form. Wenn wir die Gleichheit der Menschen von außen und von einem materialistischen Standpunkt aus betrachten, dann haben wir so etwas wie Kommunismus, wo alles im materiellen Sinne gleich bewertet wird. Doch selbst wenn von außen betrachtet alle materiellen Faktoren gleich erscheinen, werden immer noch der Geist der Menschen und ihre Gefühle unterschiedlich sein. Es ist auch nicht möglich, dass Menschen körperlich vollkommen gleich sind.

Was der Buddha lehrte, bezieht sich auf die klare Natur in allen Menschen, auf den inneren Kern von all den äußeren, körperlichen Unterschieden. Wenn wir die Gleichheit der Menschen von einem äußeren statt einem inneren Standpunkt betrachten, dann haben wir, was in Japanisch „vergiftete Gleichheit“ genannt wird, wobei scheinbar alle gleich behandelt werden, wie die Menschen innerlich reagieren aber nicht berücksichtigt wird.

Der Buddha sprach von der Gleichheit aller Menschen und meinte damit, dass wir von innen her gesehen alle die gleiche Buddha-Natur haben. Das Kloster versucht das zu leben, was der Buddha lehrte. Die vergiftete Gleichheit, wo von außen her gesehen alle Menschen gleich gestellt werden, obwohl sie innerlich sehr unterschiedliche Menschen sind, kann vermieden werden, indem man jemanden, der einen Tag früher in ein Kloster eingetreten ist, der einen Tag mehr an der Klärung dieser inneren Gleichheit gearbeitet hat, als einen älteren Übenden betrachtet. Somit wurde beschlossen, dass jemand, der – unabhängig vom Alter oder anderen Faktoren – länger auf dem Weg ist, höher in der Hierarchie eingestuft wird. Diejenigen, die nach ihm in das Kloster kommen, werden die Jüngeren – so entstand die Hierarchie des Klosters.

Jedoch haben wir leider nicht alle die Weisheit Buddhas. Idealerweise ist dies ein sehr gutes System, doch Probleme entstehen, wenn es ganz real in einem Kloster angewandt wird. Denn die Menschen, die sich in diesem Klostersystem befinden, sind alle noch in der Übung und sie können nicht ständig diesen klaren Geist leben. Sie fangen dann an zu denken, dass sie aufgrund ihres Selbst an erster Stelle stehen und nicht wegen ihres Gelübdes, die wahre Natur zu erleben. In einem Kloster kann man häufig beobachten, dass die Übenden ganz aufrichtig dieses System leben und ihr Gelübde im Vordergrund halten; doch schon bald wollen sie an ihrer Position festhalten und bringen ihre höhere Stellung von einem egoistischen, unklaren Ort her zum Ausdruck und fangen an, andere herumzubefehlen.

Manchmal sind es die älteren Mönche, die lehren, unterstützen, zurechtweisen sollten, die die verschiedensten Dinge tun sollten, um den Neuen auf dem Weg zu helfen und ihre Erfahrung mit ihnen zu teilen. Doch stattdessen werden ihre Handlungen sehr egoistisch, sie drücken sich auf die neuen Mönche auf, sie können sie nicht als gleichwertige Menschen behandeln, weil ihre eigenen Egos und Persönlichkeiten noch nicht reif sind; sie können nicht so handeln, wie es der Buddha erhofft hatte. Das geschieht häufig. Es kann sogar passieren, dass ein älterer Mönch physisch brutal werden kann. Das ist ein Fehler. Das ist nicht richtig. Wir können uns dafür nur schämen. So sollte dieses System nicht benutzt werden, doch es geschieht, weil alle noch in der Übung sind und nicht ständig im erwachten Geisteszustand sein können.

Es ist sehr schwer für Menschen zu verstehen, was wirklich wahr ist. Ein Beispiel dafür ist der *Keisaku* oder der Stab, der im *Zendo* benutzt wird. Diejenigen, die sich daran gewöhnt haben, sind dankbar, wenn durch das Schlagen ihre Gedanken verschwinden oder sie wacher werden oder sie aufhören, schläfriges Zazen zu sitzen. Diejenigen, die es nicht kennen, werden das Schlagen mit dem *Keisaku* als etwas Brutales erleben, wie es Gangster in ihrer Gruppe tun würden. Manchmal höre ich darüber sogar Witze. Die Menschen, die die Hilfe darin nicht entdecken und nicht erkennen, wie er eigentlich funktioniert, werden den *Keisaku* berechtigterweise als etwas Falsches ansehen. Genauso werden verschiedene Handlungen in einem Kloster oftmals als falsch betrachtet. Beim *Keisaku* ist das allerwichtigste, mit welchem Geist und welcher Einstellung er gegeben und angenommen wird. Die Verbeugungen und die festgelegte Form des *Keisaku,* mit dem er gegeben und angenommen wird, sind dafür da, ihn in einem barmherzigen Geist zu nutzen.

Wir können wahrlich glauben, dass wir es für andere Menschen tun. Doch immer und immer wieder bemerken wir, wenn wir zu den jungen Mönchen sprechen, wenn wir uns um die Sangha und die Menschen um uns herum kümmern, dass wir zwar versuchen, für sie da zu sein, es uns jedoch schwer fällt, dabei nicht vom Ego her zu handeln, weil wir noch nicht vollkommen erwacht sind. Deswegen wurde schon zu Zeiten Buddhas eine besondere Übung eingeführt, die in Japan offiziell bis ins Mittelalter genutzt wurde. Das japanische Wort dafür könnte als „Buße der Konfession" übersetzt werden, doch hat sie nichts mit mittelalterlicher Strenge zu tun. Bei dieser Übung schauen wir auf unsere Handlungen, ob das Ego daran beteiligt war oder ob wir von einem klaren Geist aus gehandelt haben. Dies tut man nicht nur einmal im Jahr oder einmal im Monat oder einmal in der Woche. Jeden Tag sollte man seine Handlungen überprüfen und schauen, ob man von einem klaren oder von einem vom Ego erfüllten Geist her gehandelt hat.

Früher gab es einmal im Jahr eine öffentliche Zeremonie der Reue oder des Betrachtens der eigenen Verhaltensweisen. Weiterhin gab es am Ende jeder Übungsperiode einen offiziellen, formellen Prozess der Reue. Doch dieser formelle Prozess war weniger wichtig als dass jede Person der Sangha jeden Tag selbst die eigenen Handlungen kritisch betrachtete. So weit ich weiß, wird diese Übung im Zen Japans nicht mehr formell vollzogen, doch wäre sie hilfreich, insbesondere im Hinblick auf die ungeschickten Zwischenfälle zwischen älteren und jüngeren Mönchen. Die Übung würde dabei helfen, solche Probleme nicht aufkommen zu lassen, da man sein eigenes Verhalten überprüft. Es gibt eine besondere Weise, in der man dies tun kann. Es gibt sogar ein Sutra, das dazu rezitiert wird.

Zange zange rokkon zaisho
Metsu jo bonno metsu jo gosho
Namu Shakamuni Butsu
Zange zange rokkon zaisho
Metsu jo bonno metsu jo gosho
Namu shoso Daruma Daishi
Zange zange rokkon zaisho
Metsu jo bonno metsu jo gosho
Namu sange sanzen shobutsu
Zange zange rokkon zai sho
Metsu jo bonno metsu jo gosho

Schaut! Übt Reue! Die Flecken der sechs Sinne!
Vergänglich, schneidet ab!
Die selbstbezogenen Begierden!
Vergänglich, schneidet ab!
Das alte, verworrene Karma!
Ehrt Buddha! Ehrt Bodhidharma!
Ehrt die unendlichen Buddhas,
vergangene, gegenwärtige und zukünftige!

Der Anfang des Sutras könnte auch so übersetzt werden: *„Überschaue! Reue! Mit den Wurzeln der sechs Sinne schaue tief in die Fehler und Sünden, die sie hervorgebracht haben!“* Während wir dieses Sutra rezitieren, schauen wir auf die sechs Sinnesorgane – Augen, Ohren, Nase, Mund, Körper, Geist – auf alle einzeln. Mit unserer Zunge sagen wir zum Beispiel oft Dinge, die nicht wahr sind und die aus unseren egoistischen Wünschen hervorkommen. Wenn wir sprechen, sagen wir oftmals Dinge, die anderen Menschen wehtun, obwohl wir dies nicht wollen. So schauen wir genau, wie wir unsere Zunge benutzt haben, damit wir erkennen können, welche Handlungen sie hervorgebracht hat. Der sechste Sinn ist unser Geist.

Oft entschließen wir uns, etwas Gutgesinntes zu tun, doch wenn selbst das von einem egoistischen Ort kommt, machen wir uns nur vor, dass wir Menschen gut behandeln. Wir denken, dass unsere Handlungen klar sind, doch handeln wir unklar. Wir machen nicht nur uns selbst, sondern auch anderen etwas vor, wenn wir von einem verworrenen Geist aus handeln oder wenn durch unsere Worte unsere egoistischen Wünsche durchscheinen statt unseres klaren Geistes.

Auf die gleiche Weise betrachten wir all unsere Sinne ganz genau – wie unser Verhalten auf andere Menschen wirkt. Deswegen lautet die erste Zeile des Sutras: *„Schaut! Übt Reue! Die Flecken der sechs Sinne!“* Es liegt an uns, diese Wünsche und das tiefe, alte Karma abzuschneiden. Dann ehrt man den Buddha, Bodhidharma und die unendlichen Buddhas der Vergangenheit, Gegenwart und Zukunft. Indem man dieses Sutra immer wiederholt und seine Handlungen genau betrachtet, kommt man an einen Ort – den gleichen, den man durch Zazen erreichen kann –, wo der Geist vollkommen klar und durchsichtig ist. Man sieht nur die Landschaft direkt vor den eigenen Augen und nichts kann vom direkten Sehen ablenken. Dieser Geisteszustand ist *Samadhi*. Uns fällt es schwer, dies zu erleben, weil wir eine Idee haben, was *Samadhi* ist, und weil wir dieser Idee folgen. Doch diese Übung der Reue und des Betrachtens des eigenen Verhaltens ist das Reinigen des Geistes und kann uns dabei helfen, direkt in dieses absolute Gewahrsein und die klare Wahrnehmung einzutreten.

Ich werde oft gefragt, warum wir uns in unserem beschäftigten Leben Zeit zum Sitzen nehmen sollen. Wir alle haben so viel zu tun, und wir denken, dass wir keine Zeit nur für das Sitzen benutzen können. Doch während wir sitzen, können wir direkt sehen, was wir eigentlich während all dieser beschäftigten Stunden tun. Zazen ist der Prozess, durch den wir uns selbst sehen können. Wenn wir einen stabilen und gut ausbalancierten Geist haben, können wir zum ersten Mal sitzen und sehen, was wir wirklich tun – dann werden die gleichen Fehler nicht wieder geschehen. Deswegen ist es sehr wichtig, Reue zu lehren.

Diejenigen, die sitzen und versuchen, dadurch etwas zu werden statt das Festgehaltene loszulassen, die also versuchen, etwas zu erreichen, bewegen sich immer weiter weg von der wahren Klärung des Geistes, die durch die Reue geschehen kann. Wenn wir versuchen, einen Geisteszustand zu erleben, den wir schon einmal erlebt haben, oder wenn wir eine Idee haben, wie unser Geist sein sollte, oder wenn wir auf ein Ziel zusteuern, dann wird unser Sitzen schwieriger und schwieriger. Wenn wir diesen Geisteszustand nicht erleben können, den wir glauben erleben zu müssen, dann wird das Gewicht des Egos schwerer und schwerer. Dieser Prozess der Klärung unserer Handlungen ist ein inneres Leeren und kein erneutes Dazusammeln. Ich versuche immer, diesen Punkt in meinen Lehren klar aufzuzeigen, denn die meisten Menschen können sich nicht vorstellen, dass man durch Loslassen diesen weiten Geist erleben kann. Ich denke, dass viele der Probleme in einem Kloster entstehen, weil diese Art der Übung nicht genügend vollzogen wird, bei der man seine eigenen Handlungen überschaut und versucht zu erkennen, wie das eigene Zazen zum Ausdruck kommt. Es ist ein Geschenk der Gesellschaft, dass wir so viel Zeit zum Sitzen haben, und es gibt uns die Möglichkeit, unsere Handlungen und unser Verhalten genau zu betrachten. Wenn wir es nicht so nutzen, dann verschwenden wir eine wunderbare Gelegenheit, und wir werden ewig nur Zazen üben, das uns in eine Sackgasse führt, das nur als eine Idee existiert hinsichtlich dessen, was Zazen sein könnte. Wir werden nie direkt diesen klaren Geist erleben und werden nie von diesem klaren Geist her handeln können.

Wenn man sein Zazen übt, sein Sesshin sitzt und dabei nicht die eigenen Handlungen betrachtet und überprüft, dann wird man nie ein klaren Weg zu diesem Bewusstsein finden und nie die eigene, eigentliche Natur erleben. Dies trifft für jeden zu. Man kann ewig üben, doch ohne diesen besonderen Aspekt wird sich die Übung nicht in einer klaren Erfahrung öffnen können.

Die letzte Zeile des Sutras der Reue ehrt die Buddhas der Vergangenheit, der Gegenwart und der Zukunft. Das Wort bezieht sich eigentlich auf den unendlichen Buddha, doch es beinhaltet alles: Steine, Sterne, Sonne, Erde, Wasser ... alles. Vor all den unendlichen Dingen übt man Reue, man verbeugt sich davor und betrachtet sein Verhalten neu. Ich denke, dass dies eine wichtige Übung ist, ich selbst vollziehe sie jeden Tag, besonders abends, wenn ich *Yaza* (Nacht-Zazen) sitze. Im ersten Teil meines *Yaza* übe ich auf diese Weise, und ich spüre, wie mein klarer Geist sich entspannt. Natürlich muss sich die Reue auf etwas beziehen – sie ist kein leeres Wiederholen des Sutras –, doch wenn man sie übt, spürt man, wie sich der Geist weit öffnet und kann in diesem Zustand sitzen. Es wäre eine gute Idee, wenn jeder dies einmal am Tag täte.

Frage: Wie kann man einen echten Lehrer von einem falschen unterscheiden?

Antwort: Vor mehr als elfhundert Jahren lebte Obaku Zenji in China. Als ein Mönch Obaku Zenji genau diese Frage stellte, antwortete der: „In ganz China gibt es Klöster mit Tausenden von Mönchen und überall stellen die Mönche diese Frage. Wieso lecken sie die Pfütze der alten Meister? Wieso nehmen sie die alten Pfosten der Gelehrten?“ Der Mönch fragte weiter: „Willst du damit sagen, obwohl es Tausende von Mönchen in ganz China gibt, die Zen üben, sei unter ihnen niemand fähig zu lehren?“ Da erwiderte Obaku: „Im Wald der vielen Zen-Mönche gibt es keinen wahren Lehrer!“ Er wollte damit sagen: Egal, wo man auch suchen mag, die Idee, dass man einen wahren Lehrer finden kann, ist schon absurd.

Der Mönch ließ nicht locker und Obaku meinte: „Es wird nie eine Zeit geben, in der kein Zen existiert. Zen ist immer und überall, doch gibt es keinen einen wahren Lehrer!“ Er wollte sagen, dass ein Lehrer keine besondere Form hat. Wenn man den Priestern Glauben schenkt, die behaupten: „Ich bin ein wahrer Lehrer!“, wenn man glaubt, dass es wirklich jemanden gibt, der so tief erwacht ist wie der Buddha, dann begeht man einen großen Fehler. Im Zen kann man nicht außerhalb seines Selbst so eine Person finden. Es geht darum, diesen Lehrer in allem und allen zu finden. Es geht nicht darum, eine bestimmte Person zu finden, die sagen kann: „Ich bin es, ich bin tief erleuchtet.“ Das wäre ein großer Fehler. Es geht darum, direkt vor den eigenen Augen die Realität klar zu sehen.

Es ist wichtig, dass wir die große Barmherzigkeit Obakus sehen, als er uns seine Antwort gab. Wir verschwenden so viel Zeit, wenn wir darüber reden, was dieser und jener Lehrer gesagt hat. Wir können sehen, was für ein großer Fehler es ist, wenn wir uns die Worte Buddhas anschauen. Nie sagte er: Und diese Person meinte jenes, und die andere Person sagte das. Die Idee, dass es etwas außerhalb unseres Selbst gäbe, was gelehrt werden könnte, was also nicht ein Teil unserer eigenen Erfahrung des klaren, wahren Geistes wäre, ist ein Fehler. Deswegen sagte Obaku: „Im großen Land China gibt es keinen wahren Lehrer.“

Das, was wir erleben müssen oder was wir durch jemandes Worte verstehen können, liegt nicht außerhalb. Es ist die Erfahrung selbst, um die es hier geht. Es ist nicht wichtig, dass jemand bestimmte Worte benutzt hat, um diese Erfahrung zu beschreiben. Dieses Bewusstsein liegt jenseits jeder Form, jenseits von Worten, jenseits davon, dass man es die Lehre Buddhas nennen kann. An diesem Punkt ist selbst die historische Person Buddhas nicht mehr wichtig. Buddha sagte am Ende seines Lebens zu seinen Schülern, dass sie nur in sich selbst Zuflucht suchen sollten. Er sagte zu ihnen, dass sie nur nach innen zu ihrem klaren Geist schauen sollten, nur zum Dharma. Nur dort sollten sie Weisheit und Zuflucht suchen, wenn er nicht mehr unter ihnen sei. Jenseits der Vorstellung von einem Lehrer zu gehen und dorthin zu schauen, wo man die Idee eines Buddhas nicht mehr benötigt – das betonte Obaku Zenji in seiner barmherzigen Antwort.

So müssen wir den wahren Geist erleben, der alles und jeden verbindet – nicht unser Ego, sondern den klaren Geist, der alle Wesen und Menschen vereint. Bitte: Wir alle müssen dafür Verantwortung tragen, dass wir diese Wahrheit selbst erleben können. Ich gebe diese Worte als Gabe, damit jeder dies erfahren möge, und bitte euch alle, diesen Geschmack tief zu schmecken.